学び合う教室

金森学級と日本の世界教育遺産

金森俊朗　辻 直人

JN167289

角川新書

まえがき

わが子を小学校に入学させる親たちが中心になり、「今、学校は？　私たちの願いを問いつつ」をテーマにした十人程の集まりに私が招かれた時のことです（若い教師も一人誘い、一緒に参加してもらいました）。

あるお母さんが、このように話し出しました。

「不安ばかりが募って……。学力向上で宿題は山ほど出されると聞きました。正直学力はちゃんとつけて欲しい。どの親だってそうでしょう。だけど、させられる勉強ではなく、子どもも自らが喜んでずっと学び続ける力を学校には育てて欲しい」

頷《うなず》きながら、別のお母さんがやはり不安を声にしました。

「今の学校は、すごくお行儀良く管理されている感じがする。いじめられる不安はもちろんだが、ストレスをため込んでいじめる側になるのではと不安です」

自分も他人も幸せになるように、悪戦苦闘をしながらも様々な他者と交わり協働する。

このような、「生きる力」を育《はぐく》むことをどの親も望んでいます。それでも、つい世の中の勢いに流されて、「生き残るため」の習い事や塾通いを子どもに課してしまいます。誰もが悩み、葛藤《かっとう》しているのです。

そうした声にしばらく耳を澄ましていた若い教師が話し出しました。

「来年五年生を担任することになりそうで、すごく気が重い。六年生になるとすぐに全国一斉学力テストがあるため、五年生はその準備のために、ドリルや過去の学力テストの繰り返しなんです。その結果、悪かったところを補充学習しなさいとさらに責められます。親も不安でしょうが、やはり子どもが一番大変だと思います。だから、せめて二つだけでも大切に続けようとしていることがあるのです」

そういって語ったのは、時々子どもに「今、言いたいこと、考えていること」を書いてもらい、子どもの心をキャッチする、子どもに共感し、一緒に生きようとほんのちょっぴりでもがんばること。もう一つは、教科書べったりの授業を要求されるものの、隙間をぬって、大学やサークルで学んだ「自分につながる学び」やゲーム形式を取り入れた「楽しく分かり合う」授業に努力することでした。

「『自分につながる学び』とはどんな学びですか？」

お母さんたちが問いかけます。

「簡単に言えば、〝美しい〟という漢字を学ぶとすると、一〇回ほど書き取り練習！　とするのではなく、〝美〟は分解すれば〝羊＋大〟。大きな羊はたくさんの値打ちを持っています、どんな値打ちでしょうかと子どもたちに問います。『肉がたくさん取れて美味《おい》しい』とか『羊毛や毛皮がたくさん取れる』などと、返ってくる答えは楽しいものになります。考えること、答えることが楽しくなれば、そこから深い意味も分かるようになりますし、何より漢字にとても興味を持つのです」

彼女が答えると、親たちはとても興味を持ちました。嬉《うれ》しくなった彼女は「このようにほんのちょっとの抵抗だが少しずつ大きくしないと」とほのかな希望を語ってくれました。

かつて、彼女は私のゼミで学ぶ学生でした。教師を志していた彼女は卒業後、教員になりました。しかし、現代の競争社会の中で日々、理想と現実の狭間《はざま》で格闘しています。聞いていた親たちは、若い教師も何とか闘っていることを知り、ほんのちょっぴり安心するとともに、彼女のような教師を応援しようと思ったようです。

若い教師が「時々書いてもらっている」と言っていたのは、私が三八年間の小学校教師生活で最も大切にしてきた、自分や自分の生活をありのままに綴《つづ》る生活綴方《つづりかた》のことを指します。子どもたちがどんなことを綴っているのか、また綴るようになるのか、私の例を少し紹介しましょう。

小学校教師生活最後の年に担任したケンは、五月下旬に次のような詩を書きました。


お父さん、帰ってきて！

ぼくの願いは、たくさんある／一番の願いは、お父さんがどこか分からない／遠い所に行ってしまった／お父さん、帰ってきて／お母さんは気にしていない／でも、ぼくは今日も考えている／お父さんは何してるかな／いつもいつも考えている／お父さん、帰ってきて／お父さんがいるとき／ぼくはいつも楽しかった／お父さん、お母さんと仲直りして帰ってきて／ぼくは、お父さんがいないといやなんだ／家族そろった方が、いつも楽しい／お父さん、お願いします／帰ってきて

離婚した父親は既に別の家庭を持っており、子どももいます。ケンはそれを知っています。それでもケンは「帰ってきて」と叫びました。離婚はケンが保育園年長のときです。それ以来彼は思いを心の奥底にずっと閉じ込めていました。

「先生、そんな思いをもったケンがこの教室にいることをわすれないで！」と訴えてくれたのです。「お父さんにはほど遠い爺《じい》だけど、それでも甘えたいときには甘えていいよ」と私

はケンを抱きしめました。私なら受けとめてくれると思った、その気持ちに応《こた》えたかったのです。

その後、まるで重荷から解放されたように、ケンはとても積極的に学級の友に働きかける子となり、授業中も活発に発言するようになりました。

学級の最後にケンは次のように書きました。

「だれかが見ていてくれるって、すごいなと思いました。だって見ていてくれるだけで生きる支えになっていることがあるからです。人と人はつながっているし、だれかが自分のことを見守ってくれているだけですごいエネルギーになることがわかりました。それはこの一年間金森学級で学んできたことです」

見守られ、見守り、仲間と協働してハッピーに生きる力を一年間育み続けてきたと言い切りました。多忙な生活と子どもたちも闘いながら、一年間私と一緒に様々な活動・学習を成し遂げました。どしゃぶりや積雪の中に飛び込んで行うサッカー・ラクビー、大岩や橋から川への飛び込み、寒中でのイカダ作り、農家・林業従事者へのインタビュー・調査研究など。自ら学び、友と学び合う。子どももそれこそが「生きる力」だと分かっているのです。

多くの親は、子どもの将来に不安を抱えています。しかし、目先の知識よりも「心拓《ひら》いてつながり合う力。共に学び合い、確かな学力を主体的に獲得して生きる力。困難な中でも互いに協働して大切なことを築きあげる力を育む教育」こそ、本当は願っているはずです。私の学級はそれを実践してきたと自負しています。小学校三八年間と大学九年間、教師生活の間に追求し、積み上げてきた私の生活教育です。

その実践の具体的な姿を私が第二章にまとめました。その実践は、何よりも現代の子どもをどのようにとらえるのかが出発点です。私らしい子どものとらえを第一章に描きました。さらに第四章では、私の教育の核にある生活綴方を学んだ学生時代、またその学びを身体化する基盤となった少年時代からの人格形成を著しました。

共著者の辻は日本教育史が専門です。私は北陸学院大学で辻と生活綴方教育・生活教育について、共同研究をしてきました。私の実践を以前より知っていた彼は、オランダ教育界に招かれた際にも同行し、講演のすべてを記録し、金森実践を世界につなげる役割を果たそうとしました。さらに彼は金森実践を貫く本質が生活綴方教育・生活教育であること、その教育こそ「世界教育遺産」として誇れるものであることを研究者として明らかにしました。

辻は本書の第三章でオランダでの講演の模様と反響を、第五、六章に生活綴方・生活教育の理論面を著しました。特に第六章では、今日の教育状況の中でこそ世界教育遺産として生活綴方教育・生活教育が大きな意味を持っていること、そしてそれが後世にも継承される可能性に言及しています。

先に取り上げたケンは、悲しく切ない叫びをなぜ教室の皆の前で語ることができたのでしょうか、またその叫びを仲間はなぜ真っ直ぐ豊かに受けとめることができたのでしょうか。そこから彼らはどうやって学びの力、生きる力を仲間と高めあったのでしょうか。加えて、なぜ生活綴方教育・生活教育が「世界教育遺産」なのでしょうか。それはなぜ今も日本各地で継承されているのでしょうか。

これらの謎は、読み進めるにつれ、解き明かされることでしょう。

二〇一七年二月末日

金森　俊朗

図表作成　ＲＥＰＬＡＹ

目次

になっている／社会構造を変えるのは大変だが、生き方に影響は与えることができる

二「内なる声」を育む教育

三つのポイント／自分の存在が認められるからこそ、互いに認め合う／つながり合うには、自分をも見つめる目が育たなければならない／やる気を引き出すより、自分からの意思を育てるのが大事だ

三 学びを再定義する

負のスパイラル／身体感覚をくぐった学びを多くできるか／一切のことと関係なく生きている存在はいない／必然性を感じる／「学びからの逃走」は防げる／どの子もみな「生活の論理」を持っている

四 教育遺産は受け継がれている

渡辺恵津子の実践「雑木林を切らないで」／子どもが保護者や地域を動かした金森実践／白木次男、制野俊弘の被災地での生活綴方教育実践

五 自分と自分を取り巻く世界を読み解く

Education という言葉は「引き出す」という意味

第一章　子どもたちはガキ時代を奪われた

――まちがいだらけの教育論

まちがいだらけの子ども論

教育とは、子ども（人間）が内に持っている成長・発達の可能性を引き出し、大きく育《はぐく》む営みです。

今を生きる子どもたちは、可能性を大きく秘めているでしょうか、また現実に可能性を大きくしようと努力しつつあるのでしょうか。また、今の大人たちや社会は、子どもに寄り添い、その可能性を温かく肯定的にとらえているでしょうか。それとも、かなり突き放して否定的にとらえているでしょうか。皆さんはどう思われますか。

教育について、かなり多くの人は結論めいた意見を当初から持っていて、その意見にあう都合のよい事件を例にあげるか、その時に話題になっている一、二の事件をみて、かんたんに「最近の子どもは……」と一般化した結論を述べる傾向にあります。

その認識に大きな影響を与えているのは、新聞、テレビ、週刊誌にネット情報でしょう。それらマスコミ等の価値判断によって作られた情報から、多くの大人はあるものを失っています。この本の主題である「自分の目でとらえたリアリズム」です。その怖さをまずは取り上げたいと思います。

二〇一五年一二月一日、北陸中日新聞・こちら特報部は、【少年法適用「18歳未満」自民が提言／適用年齢むしろ引き上げを／犯罪減り改正根拠ない】という見出しで、興味ある特報を掲載しています。まず、①「選挙権年齢の十八歳以上への引き下げに伴い、自民党は少年法の適用年齢を『十八歳未満』に下げる法改正の提言をまとめた」ことについて②「二月に同党の稲田朋美政調会長が『少年事件が非常に凶悪化している』と発言しているが」③「統計上、そうした事実はない」と記述しています。

引き下げについて、八田次郎《はったじろう》元少年院院長の意見を大きく掲載しています。ここで最も重要なことは、「法改正の理由とされる少年事件は、実際に増えているのだろうか」ということです。そして、日本を代表する政治家が言う「少年事件が非常に凶悪化している」は事実か、ということです。

私は二〇年間以上、毎月何度も講演要請を受けてきました。講演に先立つ主催者の挨拶《あいさつ》の中で、何度も「少年事件が非常に凶悪化している」という声を聞いてきました。果たして、これは事実なのでしょうか。

記事は続きます。④「警察庁によると、昨年、刑法犯として検挙された少年は四万八千三百六十一人。ピークだった一九八三年（十九万六千余人）の約四分の一にまで減った。殺人など凶悪犯も減り続け、昨年は十年前と比べ、約半分の七百三人だった」これは間違いなく警察庁が発表している事実です。

稲田政調会長の発言は虚偽発言であり、子どもの尊厳を傷つける発言です。もっとも、問題はこうした発言に反発し、訂正を求める政治家や経営者、子どもの教育・子育てにかかわる一定の地位ある人がとても少なく、むしろ発言に同調していることです。世論が支えているからです。

⑤さらに記事は「内閣府が九月に公表した『少年非行に関する世論調査』では、少年による重大事件が増えていると感じている成人の割合が78・6%に上り、五年前の前回調査より3ポイント増えている」と述べています。

③④が確かな事実なのに、②⑤の主観的な思い込みが、法律改正の根拠にまでされているのです。もう少し詳細にみてみましょう。世論調査では「実感として、おおむね五年前と比べて、少年による重大な事件が増えていると思うか」と聞いたところ「増えている」が七八・六%（かなり増えている＝四二・三%＋ある程度増えている＝三六・三%）、「変わらない」が一六・八%、「減っている」が二・五%。

図で分かるように、事実は五年前の二〇一〇年より大幅に減少しているのに、世論は正反対になっているのです。この正反対の見方が多いのは、年齢でいえば六〇歳代、性別でいえば女性です。ワイドショーを繰り返し見ていること、種々の場でその番組での情報を元に雑談をしていることも関係しているかもしれません。

このような思い込みは、少年非行に限りません。安倍《あべ》首相が強調している「ひどいいじめ

刑法犯として検挙された少年の数

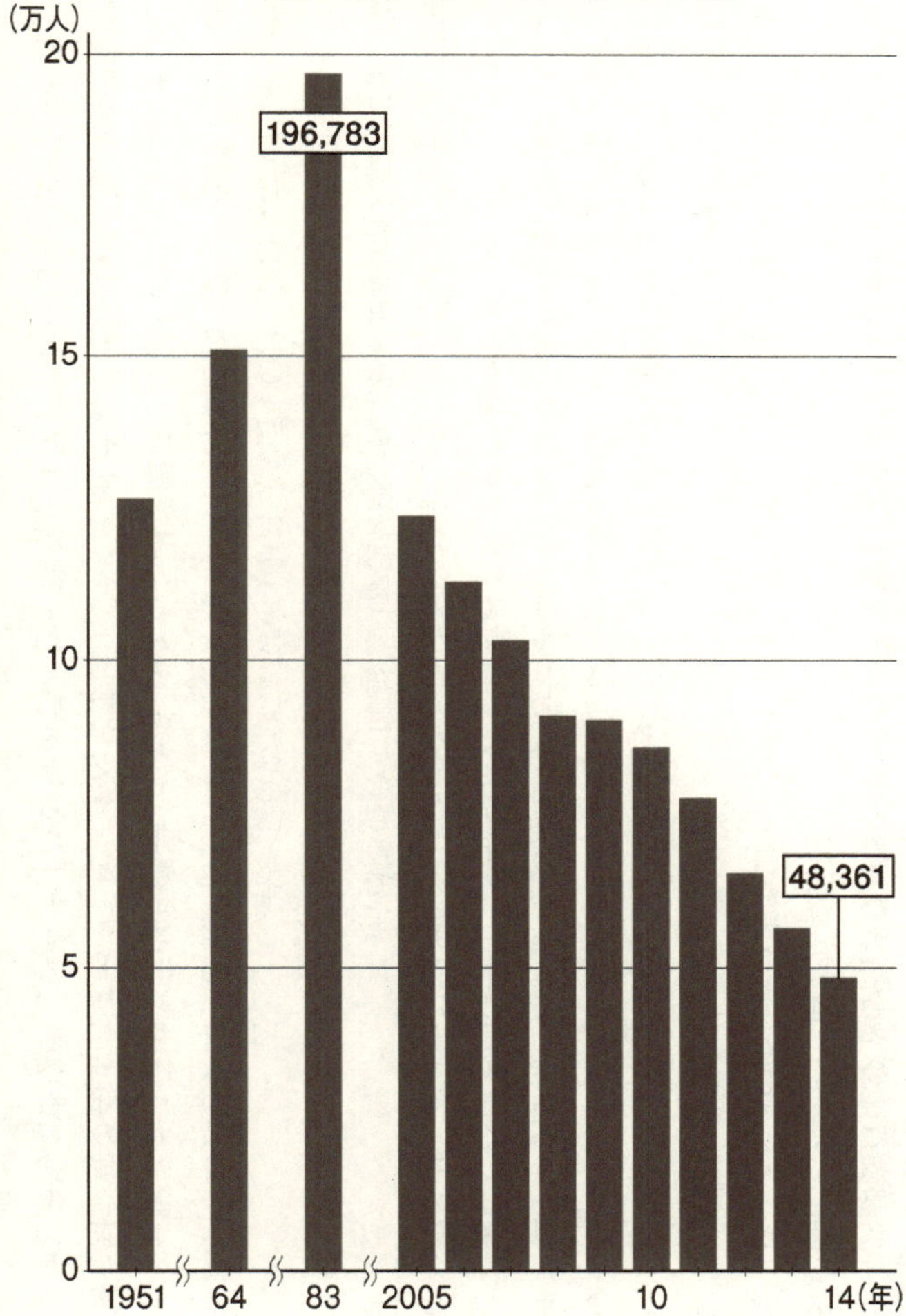

「北陸中日新聞」2015年12月1日付の図より作成

等が増えている。今の子どもはモラルが低下しているからだ」とする、道徳教育強化のための教科化を支持する世論も同様です。いや、「世論が支持」というより、一部の政治家が積極的に子どもや子どもに関わって働いている人を攻撃し、非難する世論を作っています。

もう少し事実と世論を見てみましょう。池上彰《いけがみあきら》が著した『池上彰の「日本の教育」がよくわかる本』（ＰＨＰ文庫、二〇一四年）にみごとに書かれています。

左記は二〇一一年、参議院の文教科学委員会で自民党の義家弘介《よしいえひろゆき》参議院議員（当時、現在衆議院議員で自民党教育再生実行本部副本部長）が発言したものです。

「親殺しや子殺し、虐待、そして、例えば親が亡くなったことさえ届け出ずに、その年金を当てにして生活する、そんな事件が相次いで起こっております。日本の根幹あるいは教育というものはどうなってしまったのか。これは多くの人々が感じていることであろうと思います。公共の精神の欠如、そして個人主義に入り込んで、自分さえ良ければいい、とにかく今楽しければいい、そういった傾向をまさにつくり上げてきたのがこの日教組教育であろうと私は思っております」

それに対し、「親殺しや子殺し、虐待は、実は（金森注・日教組など存在してなかった）戦前のほうが多かった」と池上は指摘しています。続いて道徳教育（修身）で人々の道徳心は高まらなかったことも論じています。政権を担う政治家や重要な審議会や会議に招集された識者と言われる人が、子ども・教育の現場や実態調査の結果を知らないまま、しかもその自覚もないまま、深く確かな事実を探る努力もせずに思い込みや印象論で政策づくりに関わることは決して許されることではありません。

世論と事実について、注視したいことがあります。「少年による重大事件が減っている」と答えた二・五％の人のほとんどは実感ではなく、事実を知っている、学習している人だということです。講演会等で実際に私は確かめました。さらに重要なのは、「変わらない」と答えた人の中で、二〇～四〇代の割合が高いことです。彼らは、ニュース等だけではなく、自分史と我が子を含む現実から判断しているのだと思います。身近な子どもを直《じか》に見つめたり、声を聴いたりしている大人は、子どもの真の姿に少しだけ気がついているようです。

全体として見れば、日本の子どもたちは、様々な問題を起こしながらも、暴力性を他者に向けることにはとても抑制的なのです。それなのに、大人は否定的な虚像をつくりあげ、子どもと子どもに関わって悪戦苦闘している人たちを応援するどころか攻撃さえしている状況です。

この章では、子どもに寄り添い、子どもの内なる秘めた力を探っていきたいと思います。

心身の奥底に原始性・野性は閉ざされている

私がとても大切にしてきた、「子どものとらえ方」について述べたいと思います。多くの識者は指摘していないことです。私は、現代の子どもも、大人が思っているよりもはるかに強く、動物・哺乳《ほにゅう》動物としての原始性・野性・動物性を心身の奥に秘めていると思っています。それが十分に発揮されたのは、三・一一東日本大震災の時でした。

数見《かずみ》隆生《たかお》編著『子どもの命は守られたのか』（かもがわ出版、二〇一一年）に雄勝《おがつ》小学校の藤坂教諭からの聞き取りが記録されています。雄勝小学校は、海岸線から奥へ二五〇メートル、標高二四メートルの地点にあります。

街の中心を流れる大原川とその脇を通る道路沿いに黒い津波が逆流し、家屋や電信柱を壊しながら迫ってきた。その光景を見て、「ここじゃあぶない！　もっと上に上がって！　後ろは見ないで！」と、子どもたちには津波を見せないように前だけを向いて歩くように声をかけ続けた。藤坂教諭は、「もしかして死ぬかもしれない！」という恐怖感を抱きながらも、学校の裏山の神社からより高い所を求め、山道を登り避難したという。その山道の山頂に着くと、一緒に避難してきた消防団員から「さらに歩いて、山の裏側にある清掃工場（ごみ焼却場）に避難するように」との提案を受け、雪がしんしんと降り続き、あたりも暗くなって足下がよく見えなくなっていた山道を子どもたち（金森注・低学年はすでに下校していたが、スクールバスを待つ一部の低学年と高学年の子どもたち五十数人）とさらに歩き続けた。避難する集団の中には、学校の子どもたちと保護者の他に、昼寝中だった雄勝保育所の幼児たち10数名がパジャマ姿で泣かずに歩き続けていた。山道を歩けない年寄りもいて、若い教職員が交代で背負い7時間かけて、全員が清掃工場に避難することができたという。（略）

寝付けない子どもたちは、翌週歌う予定になっていた卒業式の合唱曲を歌っていた。歌いながら励まし合っているように聞こえたという。大人たちもその歌に励まされていた。（前掲書、九一～九二頁、傍線は金森による）

「雪がしんしんと降り続き、あたりも暗くなって足下がよく見えなくなっていた山道」。そこを、この時はもちろん、その後も飲まず食わずでパジャマ姿の薄着の保育園児、小学校低学年の子どもたちが、おそらく耐寒用の外履き靴ではなく薄い内履き用のシューズのまま、七時間も歩き続けている。そして、眠れない夜を愚痴るどころか合唱しながら自分を、仲間を、さらに共に辛《つら》い思いを背負っている避難者を励ましているのです。

震災に関する本の中には、このような子どもたちの、「底力」とも言うべき行動を記した文章を数多く見出《みいだ》すことができました。

例えば、石巻市東松島高校一年生の鈴木《すずき》啓史《ひろふみ》が書いた作文を読めば、彼が極限状況で母を叱咤《しった》激励しながら、自分が妹を守ると告げたこと、人生の中でこれ以上は無理という速さで走り、妹を守り抜いたことがよく分かります。


……津波はすぐそこまで来ていました。母は津波に追われながら、最後尾で泣きながら、女川に仕事に行っていた兄や家で飼っていたペットの犬二匹、見当たらない妹の名を呼びながら走りました。

しかし途中で母が「だめだ、もう走れない。無理だ、あきらめる。みんなのことお願いね」と言って、走るのをやめてしまったのです。俺が「何ふざけた事を言ってんだ。津波がそこまで来てるんだぞ！　走れ！　がんばって走れ！」と言うと、また少し走り始めました。でも正直言うと俺は、〝もう間に合わないかもしれない。全員津波にのみ込まれてしまうのでは〟と不安でたまりませんでした。

小学校の所の歩道橋に上がり、そこで母が妹を探したのですが、いないのがわかるとまた家に戻ろうとしているので、疲れきっている母ではこれ以上無理、津波に確実にのみ込まれて死んでしまうと思い、母に「俺が妹を見つけてくるから。大丈夫だから」と言って、小学校に向かいました。

俺は人生でこんなにも全速力で走った事はないくらい無我夢中で走り続けました。小学校の体育館でやっと大泣きし、興奮状態の妹を見つけ、何があっても妹の手を離さないぞと思っていた瞬間、体育館にも津波が入ってきて、俺は妹を背中におんぶして人波をかき分け、校舎に向かったのですが、みるみるうちに波が押し寄せ、あっという間に腰まで水につかりました。やっとの事で校舎に入り、妹を落ち着かせました。（鈴木啓史「頑張るぞ俺達家族！」森健（企画・取材・構成）『つなみ　被災地のこども80人の作文集』文藝春秋八月臨時増刊号、二〇一一年、七六頁）

子どもの生命力を甘く見るな

こうした記録を読んでいたとき、私は、斎藤隆介《さいとうりゅうすけ》作、滝平二郎《たきだいらじろう》絵『モチモチの木』（岩崎書店、一九七一年）の絵本を思い出しました。小学三年生の教科書にも掲載されています。大変臆病《おくびょう》な豆太は、二人きりで暮らすじさま（爺様《じいさま》）が急病のため、凍《い》てついた怖い怖い夜道を裸足《はだし》で血だらけになって駆け、医師を呼ぶ。豆太は年老いた医者の背中で、勇気のある人間だけが見ることができる夜空に光るモチモチの木を見たという話です。

ここぞという極限状況で発揮される優しさが生み出す勇気、あるいは守りたい人を守り抜く強さが主題になっています。この絵本の主題と私の言う「心身の奥に秘められた原始性・野性・動物性」はまったく同じではありませんが、主題を支える土台に「心身の奥に秘められた原始性・野性・動物性」があるのでは、と思っているのです。

「原始性・野性・動物性」を知力の伴わない低レベルの力だと思う人がいます。それは違います。私の言う「心身の奥に秘められた原始性・野性・動物性」とは、過酷な条件の中でも生き抜くことができる逞《たくま》しい心身の力であり、生活意欲や、命の危険を察知・予知し危険を乗りこえたり、避けたりする力です。五感を中心とする鋭い感覚や感性などを意味します。

それらの力は、大人が思っている以上に子どもには強くあるのではないか、と私が注目した事件が北海道で起こりました。二〇一六年五月二八日、父親が小学二年生の息子の問題行動を懲らしめるため、林道に息子を一人放置して立ち去りました。五分後にもどったものの、発見できずに子どもは行方不明になりました。大捜索の末、ようやく発見保護されたのが六月三日。六晩もの長期にわたり、水だけを飲んですごし、半袖《はんそで》Tシャツ・ジャージ姿だったものの、夜は自衛隊演習場内の建物のマットレスにくるまって生き抜いた、というものです。

この事件の当事者、とりわけ父親の行動に対する意見を、知人やマスコミ関係者に求められました。しかし、新聞報道でわずかしか事実が知らされていないため、正式な見解は断りました。それでも最低限に言えることとして、次のようなことを知人や友人だけには語りました。

夕方が迫ってくる、北海道の広い森の中に一人取り残された少年はどれだけ心細く、寂《さみ》しく、怖かったことか。道に迷う事故は、高山より低山に多いのです。

私が小学生の頃のことです。遠足で隣村との境にある山に登り、頂上にある遺跡で休憩したり、遊んだりしたのですが、なぜか私を含む数人の出発が遅れ、みんなの後を追うことになりました。違った道を下山しているとは思っていない私たちは、追いつかないのを疑問に思わず、早く追いつこうと、ともかく走りに走りました。どうも迷ったらしいと気づいたときの不安、恐怖は今でも覚えています。いかなる理由があるにせよ、幼子を山に一人置いたまま車で走り去ることは、山の怖さと子どもの恐怖感や不安感をあまりにも知らないと思います。

それだからこそ、残された子どもはひたすら家族や誰かの助けを求めて、必死に走り続けたことでしょう。救助のプロ・自衛隊は、迷った人は山を登るはずはなく、下っていると主張したとテレビで聞きました。しかし、私は夕方が迫ってくる時間であれば、谷に下る方は暗く、登る方が空は見えて明るいので、幼子は本能的（原始性）に山頂部を目指したのではないかと考えました（実際、そうでした）。そして、五月二八日の夕方から六月三日の朝まで、彼は自分一人だけで、水だけで生き抜いたのです。

この事件は、子どもの「心身の奥に秘められた原始性・野性・動物性」が、大変に強く逞しいことを物語っているのではないでしょうか、私はそう言いました。

もの・こと・人・自然とのボディー・コミュニケーション

教師の仕事についてから三八年間、子どもは「心身の奥に秘められた原始性・野性・動物性」がとっても強い！　という確信を強めていきました。自分自身の少年時代の体験だけでなく、『ボクの学校は山と川』『ボクの先生は山と川』（いずれも矢口高雄《やぐちたかお》、講談社文庫、一九九三年と一九九五年）、『最後のガキ大将』（はらたいら、フレーベル館、一九八六年）などを思い起こしたり、読んだりしていたからです。

だから、子どもや保護者には「野性を発揮して、きらめきの少年期を創ろう！」「今を生きている輝きを！」と訴えてきました。

どしゃぶりどろんこ、七瀬《ななせ》川源流たどり、岐阜《ぎふ》県郡上八幡《ぐじょうはちまん》・吉田《よしだ》川での飛び込み、医王山《いおうぜん》鳶岩《とんびいわ》ロッククライミング、厳冬期のプールでのイカダ乗り、エスケンなどを典型とする「原始性・野性・動物性」の要素をたっぷり含んだ遊び・学習活動を四月の二日目から展開したのです。それらを私は、もの・こと・人・自然とのボディー・コミュニケーションと呼んできました。

三八年間、どしゃぶりどろんこは、金森《かなもり》学級最高の人気・目玉活動でした。保護者からはクレームどころか、積極的な応援が寄せられました。私の学級に何度も足を運び、子どもと共に遊び、学んだ埼玉大学の教育学研究者・船橋一男《ふなばしかずお》は、次のように述べています。

もの・ことを知覚したり認識したりする以前にぞんぶんに体感させる。それが金森実践の流儀である。土や水をいやというほど体感する雨の日の「ドロンコ・サッカー」や「Sケン」などの遊びは、その重要なレパートリーである。そこでは仲間という存在もまた体感し、リクツぬきで身体まるごと交わることを楽しむ。金森は、もの・こと・人とのボディー・コミュニケーションを、自然や社会への科学的な認識や文学や音楽をつうじて人間的な感性を育むことにさきだって徹底して重視している。〈生〉の充実を感じ、〈生〉の意味について思考するための、いうなれば感じ考える〈からだ〉というものへの視点がある。教育という仕事のもっとも深部への正当な視点である。（船橋一男「金森俊朗の『太陽の学校』から」『生活教育』一九九五年一〇月号　六五〜六六頁）

幼児・少年時代は、全身丸ごとを感覚、知覚器官としてもの・こと・人をキャッチし、全身で表現、発信します。そのボディー・コミュニケーションを「〈生〉の充実を感じ、〈生〉

の意味について思考するための（中略）〈からだ〉」づくりだという船橋の指摘は鋭く嬉《うれ》しいものでした。その典型である「どしゃぶりどろんこ」の学習活動を紹介しましょう。

猛烈にどしゃぶりが降っている日をねらって、泥、水、雨の中に飛び込むのが、どしゃぶりどろんこ学習（まつり）です。

ある年のことです。六月、梅雨の季節に入れば例年なら実施できるのに、この年はどれだけ待っても条件が整わず、とうとう九月まで持ち越すことになってしまいました。九月の暑い日、朝から激しく雨が降っています。よし、今日こそと思ったものの、一限開始の頃には小降りになってきました。子どもたちはもう待ちきれなくて、「今日こそやろう、先生」とせがみます。せがむようになった子どもたちを、私は嬉しく思いました。「よし、やるぞ」というと、「やったあ」と大きな歓声があがります。前々から準備してあった水着を身につけ、汚れてもいいTシャツを着て、運動場に飛び出します。

「待て待て急ぐな」一人もいやがることなく学級全員を完全に楽しくさせるためには、不用意に開始してはなりません。

はやる子どもたちをまず私の周りに集め、天を仰がせ、顔に雨を浴びさせます。「どんな感じ？」「目を開けられない」「痛い」「気持ちいいわあ」「今日のステージを作ってくれている風、雨、土……を全身でキャッチしてや〜」そうしてから、一番水がたまっている場所を探して、小さな円を作って座らせます。「このあと、絶対、私の言うとおりにして。ひとりでもやらないと、このあとの楽しさはつくれないから。水がいっぱいあるところの土をしっかり手で握って。握ったあ？　よし、それを友達の体をめがけてぶっかけろ！」

最後は早口でまくしたてて、私はあわてて子どもから離れます。立って逃げようとする子どもたちを制して、「もっと激しくぶつけあえっ」と叫びます。砂だけではなく、水のかけあいも子どもたちがやり始めます。一瞬にして泥と泥水で全身がぐしゃぐしゃになります。

大成功!!

生活意欲を高める

これがどしゃぶりどろんこの最も重要な指導なのです。瞬時にしてやけくそにさせます。いったんやけくそになると、泥だらけになることに抵抗はなくなります。この部分の指導を、多くの人は私から「盗む」ことができませんでした。女子の大半が不参加状態になってしまったのです。

このあと、子どもたちにスライディングをやろうぜと要求します。離れたところから走り、水が一番たまったところへ足から滑り込むのです。その次は、両手を突き出し、腹ばいになって滑り込ませます。これは難しく、勇気がいります。だから誰もが大声で叫びながら滑り込みます。すると両手ではねられた泥水が顔に容赦なくかかり、口にも入ります。これをやり遂げれば「ガキ」合格。

さすがに、野球少年だったマサシという子は、泥水をはねながら、派手に滑り込みました。観ている子どもたちから拍手が起きます。さっそく、彼に模範演技を再度してもらい、女子も激しくやれるようになるまで何度も楽しみました。「めちゃくちゃおもしろーい」「最高!」と口々に叫ぶ子どもたち。この興奮で輝いた表情だけは、教室ではつくれません。それらを充分楽しんだ後、どろんこサッカーやラグビー、どろんこ合戦などに熱中します。

朝、私が学級委員のお母さんに「今日、やります!」といったので、連絡電話で保護者が集まってきています。「いいなあ、私もやりたかったなあ!!」大抵のお母さんはそう言います。こうした様子をみていた地域の農家の人から、翌年には「先生、田んぼ一枚耕して代掻《しろか》きもしてあるので、遊び用にレンタルするから、思う存分使って下さい」という申し出がありました。

四年生のコウスケは、どしゃぶりどろんこの感想をこう書きました。

走る。バチャバチャ。ドロ水がはね上がって、シャツにつくとすごく気持ちがいい。雨はシャワーのようにふり、風は雨の手伝いをするように吹きました。走って一番水の

どしゃぶりどろんこでスライディング！

多いところへスライディングです。ズザアー。痛い、すりむいた。でも気持ちいい。地面にたまった水に向かってすべるスライディングは最高。手からのスライディングでは顔から行くのでけっこうスリルがあります。ついうっかりドロ水を飲んでしまいました。

子どもは幼児・少年時代には「原始性・野性・動物性」を強くもっているというとらえ方をしましょう。私のように、それらが全面的に発揮される時と場を保障すれば、子どもはまちがいなく、全身、全運動・感覚器官から喜びを放射し、友とつながり、生活意欲を高めます。それは、学習意欲、表現意欲・表現力、好奇心、集中力、切り替える力などをとても高めます。

こうしたことが、後に述べる金森教育実践の典型を支える土台になっています。また、戦前から展開された「生活学校」の土台になっているのです。

「三〇％の子どもが『孤独を感じる』に同意している」

ところが今日の社会では、「原始性・野性・動物性」が全面的に発揮される時と場を保障するどころか、それらを押し込め、閉ざしています。子どもがもう一つ、心身の奥に秘めている「まねぶ・学ぶ」力の大きさ、強さを一部の能力開発にのみ求める社会になってしまいました。

国家あげての学力テスト平均点アップの競争は、子ども、教師、学校を大きく歪《ゆが》めています。また、学校が求める以外の能力、水泳・ピアノ・バレエ・書道などのスポーツや芸術の習い事も、幼児段階から競争が激化しており、様々な問題を生み出しています。そのことを、世界は厳しい目で見ています。

二〇一〇年六月二〇日、国連子どもの権利委員会は最終勧告として条約四四条に基づく政府報告審査最終所見を発表しました。

委員会は、日本の教育制度において極めて質の高い教育が行われていることは認識するが、学校や大学への入学のために競争する児童の人数が減少しているにもかかわらず、過度の競争に関する苦情が増加し続けていることに懸念をもって留意する。委員会はまた、高度に競争的な学校環境が、就学年齢にある児童の間で、いじめ、精神障害、不登校、中途退学、自殺を助長している可能性があることを懸念する。

さらに、「情緒的幸福度」の低さも国際的に問題になりました。ユニセフ・イノチェンティ研究所による、OECD＝経済協力開発機構に加盟する二五ヵ国、非加盟国八ヵ国を対象にした世界子ども幸福度調査結果発表（一五歳＝高校一年生が回答、「豊かな国の子どもの幸福の概観」研究報告書　二〇〇七年二月）で明らかになりました。そこで注目されるのは、「最も目を引くのは日本の結果である。この国では30％の子どもが『孤独を感じる』という説明に同意している。これはそれに次ぐ国のほぼ3倍である」という指摘です。

「高度に競争的な学校環境」は、家庭とも相互に影響し合い、勉強・スポーツ・習い事等に対する教師や親の過剰な期待を強めます。そこから生まれる子どものイライラ・ストレス・不安、そして期待に応《こた》えることができない自己否定感は子どもを疲弊させ、攻撃性や暴力性を生みます。

そのことは、国連で指摘されているように、また後述するように自尊感情を著しく低めています。そして、不定愁訴、アレルギー、生活の荒れ、自己肯定感の希薄さ、学習集団の未成立（いわゆる学級崩壊）、学びからの逃走、退学、不登校、いじめ、暴力、非行などと深く関わっていると考えられています。

ちなみに、不登校の実態は、二〇一四年の小学生・二万五千八六四人＋中学生・九万六千七八六人＋高校生五万五千六五五人（二〇一三年）、計一七万八千三〇五人です。また、二〇一三年の自殺者総数は四年連続で減少しているにもかかわらず、一五～三九歳の各年代では、死因トップが「自殺」である状況は極めて深刻です。特に一五～三四歳の若い世代で死因の一位が自殺というのは、先進七ヵ国（G7）では日本だけです。

こうした中でも、「子どもは疲れている」と強調している児童精神科医・古荘純一《ふるしょうじゅんいち》の発言に私は非常に注目しています。

今の子は小学校低学年でも、疲弊しています。表向きは元気いっぱいに見えるかもしれませんが、疲弊しています。とくに、学校の先生の中でも、若い先生はそれに気づくかもしれませんが、管理職の先生になるとそれがわからなくて、「子どもは元気いっぱいだから」などと思っていますし、そう口にもしています。たとえば朝、学校の校門の前で、登校してくるみんなに挨拶をすることが最近はさかんに行われていますが、疲れている子どもに元気いっぱい挨拶をされても……、と私などは思ってしまいます。正直言って、あれはやめてほしいとさえ思ってしまいます。（略）
小学一年生の子が、外来でふつうに、「僕は疲れているんです」と言う世の中です。「疲れた」という言葉を、子どもたちはじつによく口にします。実際にはそれほどいろいろなことをやらされている子どもではなくても、なんだかたくさんのことを「やらされている」ような気になっている。私は、過剰な情報やモノが、子どもを損なっているのではないかと考えています。（古荘純一『日本の子どもの自尊感情はなぜ低いのか　児童精神科医の現場報告』光文社新書、二〇〇九年、六～七頁）

かつて担任していた小学六年生が次のように心の内を語ってくれました。

「いつも宿題、勉強、進研ゼミをやらなくっちゃあいけないっていつもあせってイライラしている。それでも勉強をやめないのは、やっぱりみんなのように勉強しないと不安になってイライラするからだと思う。ゆとり、安らぎが欲しい」
「誰かが一緒じゃないと安心できない。話の輪からはずれるのがすごく怖い。転校し続けていつも独りぼっちでスタートしていたからだ。いつもいつも不安で自信がなかった。

自分でも知らないうちに『テストで良い点を取ってお母さんを喜ばせたい』と演じていた。でも最近『何で親や先生のためにがんばっているんだろう。何のために自分は努力してるんだ』と思えてくる。たまには『自分なんて誰も必要としていない』と命を見下げたりもする」

日本の子どもの自尊感情は著しく低い

こうした内面世界と向き合い、綴《つづ》ったり語ったりして仲間に表出できる子ども、表出できる場を持っている子どもであれば、問題はさほど大きくはなりません。最も恐ろしいのは、子ども自身が先に述べてきた状況や、その状況下で苦しむ内面世界を、誰にも語れずに自分の内に固く閉ざしていることです。聞き、受け止めてくれるキャッチャー役を持っていないということです。

それが「孤独感」です。その結果、「自分なんていないほうが良い」「どうせ私なんか何をしてもダメ」という自己否定感を強める。自己否定感の逆、自己肯定感を自尊感情とも言います。それに関する注目すべき調査がありました。

世界七ヵ国の「今を生きる若者の意識」調査の結果が発表されました（『平成二六年版　子ども・若者白書』内閣府）。「自分自身に満足している」かという自尊感情（自己肯定感とも言う）を調べる問いに対して、「そう思う」「どちらかといえばそう思う」と回答した者は、アメリカ八六・〇％、イギリス八三・一％、フランス八二・七％、ドイツ八〇・九％、スウェーデン七四・四％、韓国《かんこく》七一・五％に対して、日本は大幅ダウンの四五・八％でした。

　これまでの種々の国際調査においても、同様の結果が出ています。なお、誤解のないように言っておきますが、日本の子どもの自尊感情の低さを、謙遜《けんそん》を美徳とする国民性だと軽くみる論調もありますが、それは違います。

　古荘らのＱＯＬ尺度調査によって、ＱＯＬの二つの項目、自尊感情と学校生活について、オランダ人学校で学ぶ日本の子どもの得点は、オランダの子ども七三ポイントに対して六五ポイント、日本で学ぶ日本の子どもはやはり低く四五ポイントでした。古荘は「日本の子どものＱＯＬ得点、特に自尊感情と学校生活の得点の低さは、国民性や文化的背景の影響というよりは、子どもを取り巻く家庭、学校、社会環境要因に依るところが大きい」と述べています。やはりというべきかショックというべきか。国連での指摘と同様です。

「子どもを取り巻く家庭、学校、社会環境要因」に改革的に働きかけ、「心身の奥に秘められた原始性・野性・動物性」を引き出し、自尊感情を青年期まで豊かに育むことは、日本においてて不可能なのでしょうか。

　私は小学校教師三八年間と大学教員九年間の経験と研究から、子どもの貧困や地域の崩壊などの悪条件も多く、大変な困難を伴うものの、決して不可能ではないと断言できます。可能性を大きくきり拓《ひら》く教育は、実はこれまでの日本教育史上に間違いなくあるのです。その中心柱が生活綴方《つづりかた》教育です。そして、その土台になるのが生活教育だと私たちは確信しています。その二つの教育こそが、日本が世界に誇るべき世界教育遺産なのです。そのことを今から実証していきます。

まず、生活綴方教育・生活教育の優れた遺産を自覚的に継承し、子ども、教師仲間、保護者、市民と共につくりあげた私の教育実践の紹介から語ることにします。単なる自称継承者ではありません。私の教育実践に対し、二〇一〇年にはペスタロッチー教育賞を授与されました。「子ども自身の体験の中から命の大切さを考えさせる取り組み」（賞状の言葉）をした点、その教育を自主的に集う教師、保護者、市民との研究とネットワークの中でつくりあげた点が高く評価されたのです。

少しでも本書が各地、各校での実践の参考になれば嬉しいです。

第二章　子どもたちは大人の思想をこえる

――金森学級の実践

子どもたちはつながり合ってハッピーをめざす

私の教育実践は三八年間にわたり、地域も学年もちがっているため、多様な姿を持っています。最も広く、国内にとどまらず、世界各国で市民たちにも知られるようになったのは、二〇〇二年度の一年間にわたって学級を撮影し、放映されたNHKスペシャル『涙と笑いのハッピークラス～四年一組　命の授業～』での実践です。同番組は世界各国で放送されたため、最も知られた金森実践の一つとなっています。

そのため、この番組の対象にもなった取り組みを中心に、金森実践の姿を紹介したいと思います。

手紙ノートで感情を出す

祖母の葬儀のために欠席していた生徒のレンは、四日ぶりの登校の際に、おばあさんのお葬儀の様子を詳しく手紙ノートに書いてきていました。それを「朝の会」(後述)で、レンがみんなの前に出て透き通るような声で読み始めました。

二一日の日曜日、剣道の帰りにお兄ちゃんが迎えにきた。おにぎりを持ってきて「それ食べろ」と言った。ぼくはなんでかなーと思った。

「どこ行くの？」と聞いたら「おばあちゃんのうちだよ」と言った。行ってみるとおばあちゃんがひどそうだった。ぼくはあんなに元気だったのにどうしたんだろうと思った。

ぼくは別の部屋でおいっ子のおもりをしていた。よばれて二階に行ったらおばあちゃんは亡くなっていた。おばあちゃんは眠るように亡くなっていた。おばちゃんたちと母さんでおばあちゃんにきれいな着物をきせてあげた。

二四日は告別式だった。お別れに花をいっぱい入れてあげた。ぼくは涙がボロボロと出た。みんなも泣いていた。バスで火葬場へ行った。一時間くらいでおばあちゃんは骨になっていた。それをつぼの中におはしではさんでいれた。とてもあったかかったです。それは四九日目にお墓に入れてあげる。それまではじいちゃんの部屋に置いておく。

おばあちゃんがいなくなってさびしいです。


「感想はありませんか？」と書いてきた人が応答を呼びかけます。手紙ノートですから、「〇〇さん、御願いします」と返信を要求することもしばしばです。いつもは五、六人なのに、この日はクラスのほとんどが手を挙げたのにびっくりしました。

このときの場面を、番組ディレクター・嘉悦登《かえつのぼる》は以下のように詳細に記録しています。嘉悦は、二〇〇日以上の登校日数のほぼ毎日学級にいました。嘉悦が中心となって著した、NHK「こども」プロジェクトによる『4年1組　命の授業　金森学級の35人』（日本放送出版協会、二〇〇三年）から紹介します。

私はまずこの光景に驚いた。いくら口では「手紙ノートが大切」と言っていても、手紙ノートの時間が毎回盛り上がるわけではない。「どこそこに行って楽しかったです」「それはよかったですね」。このようなたわいのないやりとりも多い。金森先生が「いくら何を書いてもいいと言っても、それが今クラスみんなに伝えるべきことなのか」と思わず口をはさんでしまうこともたびたびだ。しかし、そのような時間があってこそ、「宝物」のような素晴らしい時間を生み出す機会も生まれてくるのである。

子どもというのは、天性の「手抜き」をするものだ。自分で必然性を感じなければ、いくらまわりがやれと言ってもまったく動かない。それでもやるときは「先生がこわいから」とか「こづかいを減らされるから」といった別の理由からだったりする。ところが、いったん自分たちが「これは面白い」とか「今は大切だ」と感じるや、抜群の瞬発力と集中力を発揮する。

そんな瞬間は、大人の思惑でなかなか作れるものではない。手紙ノートという「手段」を与え、その「時間」を毎日の授業をやりくりしながら必死に確保し、ダメなものにはダメだと言い続けながら、待つしかないのである。

この日、連が長い手紙ノートを読んでいる間、教室の空気が徐々に変わっていった。

（前掲書、二八頁）


レンに最初に指名されたダイキは「ぼくもおばあちゃんを……」の後、泣いて言葉が続きません。何人かが「無理せんでええよ」「ダイキもこの間、おばあちゃん亡くしたとこやかな」と声をかけます。

ユウトが「ぼくもおばあちゃんが全ガンで、全体がガンになるので死んで、ぼくはそのときにお母さんに『どうしたの？』と泣きながら聞いていて、今そのときのことを思い出したので、レンさんの気持ちはよくわかります」と語りました。続いてレイナが立ちましたが「私の誕生日の前の夜におじいちゃんが寝ながら亡くなってしまって、私はおじいちゃんの顔を見れずに……」と涙で言葉が続きません。

命のバトンを渡してくれたおばあちゃんの死。レンがその悲しみを書いてきました。祖母が亡くなる前にたまたまレンに手紙ノートを書く順番が回ってきたのです。忌引きだったので、書いてこなくても誰も責めなかったでしょう。でも、レンは祖母の死を悼む悲しみを学級の友に伝えようと書いてきました。書いてきたレンはもちろん、レンを慰めるのではなく、自分に引き寄せて自分の場合の悲しみを語り出した学級の仲間もすごいと思いました。

ちょうど一〇人目。気持ちがひとつになった教室でミフユが語りはじめました。信じられない光景の幕開きです。

「私は三歳のときにお父さんが亡くなって、命の危機のとき（金森注・三年生時に行った「命の危機」の聞き取り・調査、発表の学習のこと）も書きたかったんだけど、書こうと思ったんだけど、書けないいくらい悲しくて……」

お父さんがいないことを教室でミフユが話すのは初めてのことです。「えっ」何人かが驚いたようにミフユを見つめます。涙をこらえながらミフユは話し続けようとします。私は、ミフユの座席に座り、彼女を抱きしめました。

「三歳だったけど、死んだとかそういうことはわかっていて、涙が止まらないくらいだったので、私はすごく悲しかったです」

堰《せき》を切ったようにミフユが泣き出しました。

「亡くなるということは大変なことだね。この体が燃やされる。間違いなく骨になってしまう。こんなにつらいことはないね。この学級で一番つらい経験をもっているのは、ぼくはミフユだと思う。おばあちゃんやおじいちゃんじゃない。今みんなはどこか連れていってもらったというときに、平気でお父さんという言葉が出てくる。

いつも心にしまっておくとつらい。な、ミフユ。だから一度はミフユがお父さんのことをみんなの前で言ったほうが気が楽になるだろうなと思っていたけども、今日そのことをしっかりと言ってくれたのは、先生、とても嬉《うれ》しかった。レンちゃんの便りもミフユの心を開いてくれたわけだ。手紙ノートでな。レンちゃん、ありがとう」

私は、ミフユを片手で抱きしめ、片手で背中をさすりながら話しました。まだ手を挙げていた人はいたが、これ以上の応答は無理でした。

「レン、おばあちゃんのどんな顔を覚えている？」

「笑っているところ」

「そうか。その顔をしっかり心に残しといてや。命のリレーを三年のときから勉強してきました。みんな、命はしっかりと大事にしてや」

涙が止まらないミフユに、マユコが黙って寄り添い、背中をやさしくさすっていたのです。その温かい共感的シーンに私は胸を熱くしていました。

終わりの会のとき、もう一度ミフユが、しかし今度は笑顔で手を挙げました。

「お父さんのことは、学級のみんなにこれまで言ったことがなかったでしょ。言う前はすごくドキドキしたけど、言えて嬉しかったです」

「嬉しかったとは、こちらも嬉しい。話したミフユも立派だが、それを言えるような学級になったのは大変立派。連休が終わっても元気に会いましょう。さよなら！」

「朝の会」から子ども発信の学びを創る

金森実践において、「朝の会」は子どもが仲間にあてた「手紙」を発表し、応答し合う重要な場と時間になっています。可能な限り、この「子ども発」の学びを充実させ、そこからその日の授業時間割を創造しようとします。

「朝の会」は私が勤務したほとんどの学校では、一〇〜一五分程度の朝自習（その間、教師は「職朝」という打ち合わせ）に続く一〇分間程度の時間で、日直（当番）と呼ばれる子どもが毎日交代で司会をします。学校、学年、学級によって多種多様な内容ですが、挨拶《あいさつ》、「今月の歌」を歌う、数人の子や子どもの役員・係がスピーチやお知らせ・提案をする、応答交流する、教師からの指示伝達などです。短くても、自主的自治的な子どもの動きが見られる時間でした。古くから「先生、あのね」と題する日記が読まれ、教師が子どもの声を受け止める大切な時間としても機能していました。

過去形にしたのは、現在、この機能をもったショートタイムは、学力向上のための漢字・計算・英語・読書などのドリルに占められ、極端に短縮されたからです。ともかく一時限をすぐに開始しなければならなくなっています。授業時間数の確保のためです。学校長が、一時限目が開始されているかどうか、監視に回っている学校も多いのです。

「朝の会」で発表された悩みやトラブルは、当然その時間では解決できない場合もあります。その場合は授業として補充すべき教材を準備し、深く考えなければならない時もあります。

例えば、「塾・習い事は行きたくないが、行かなければみんなから遅れる心配があるからかんたんにやめるわけにはいかない」という声が続いたとき、私は「伝えたい、分かって欲しい悲しみ・苦しみ、悩み」をきちんと綴《つづ》ることを提案しました。先に紹介したレンからみんなへの手紙ノートのような、交流的な金森実践の典型を、学年を違えてもう一つ紹介しましょう。一九九八年度に担任した五年生です。「みんなに伝えたい私の悩み・悲しみ」をテーマにした綴方（作文）を書くことを提起しました。

「べんきょうのことで悲しみをもったこと」　五年　アユミ

私は、とっても、勉強ができない。なぜかと言うと、先生の、話を、ちゃんと、きいているけど、どうしてもわすれてしまう。おぼえていたとしても、ちょっとしか、おぼえていない。私はいつもいつも私は、バカだと思ってしまう。

勉強だけだったら、ちょっとはいいと思ったけど、私は運動もできない。とび箱だって、私は、ちょっとしかできない。でも、それだけだったらまだよかったかもしれない。だって私は、ピアノと、そろばんを、やっているけど、ピアノの先生は、とってもやさしい先生なので、ごうかくをしたら、お母さんが、

「ごうかくしたかい?」

と言ってきて私は、「うん。」と言ったら、

「うそやー、あの先生あまいもん。あんなにへたくそやってんに。」

と言った。私はなにもいえれなかった。そろばんのときだって五きゅうのしけんに二かいもおちてしまった。お母さんに、

「あんたただお金つかっとるようなもんやがいね。はようかりまっし。おとうとにぬかされるぞ。」

と言われた。私は、少しないてしまった。

だって勉強も、運動も、ならいごともなんのとりえのない私がだんだんなさけなくなった。勉強は、もうなにもかもやめたいと思うようになった。ならいごとだってやめたいと思った。私は、なにもしたくなくなってきた。しゅくだいだってしたくなってきた。

(略 珠算のテストに落ちて兄からバカにされた描写。成績の良い従姉妹《いとこ》と比べて嘆く父母の

会話の描写）

私は「どりょくをしても、あたまがよくならないんだよ。しょうがないバカなんだよ。」と思った。

でも、私は、どうしても、頭がよくなりたいなーと思う。そして、さんすうのじかんになったり、こくごの時間になったりすると、わかっているんだけど、どうしても、手が上げられない。じしんがないからだ。

先生が、「かっこうつけなくてもいい。」と言うけれど、やっぱりじしんがない。そして、どうしても、わからない。私は、こう言う自分がにくくなってきた。

（略　従姉妹のことを羨《うらや》む思い）その中に、ゆるせないことばがあった。それは、「（従姉妹は）あんたみたいに、どりょくしない子じゃないの」と言われた。私は、いくらお母さんでも、ゆるせなかった。私は、夕食をたべているときも、そのことばがあたまの中に、ぐるぐるうかんだ。そして、目の中になみだをいれたままごはんをたべていた。そして、ごはんがたべおわったらなきそうな声で「ごちそうさま……。」と言った。そのまま自分のへやにいって一人で、めいいっぱいないた。そして、私は、お母さんのかおを見たくなかった。私はなきながら、小さなこえで、

「私だってどりょくしているよ。なにもしらないくせにどりょくしてるけどわすれてし

まうんだよ」
と言っていた。
私は、なにも私のきもちをしらないのに、かってにきめられたのが、とってもいやだった。こんどから、かってにきめないでほしいと思った。

アユミはこの作文の発表と交流を承諾し、自ら作文を読むと言っていました。しかし、一枚目の途中から泣き出してしまい、私が代わって読みました。「アユミの気持ちがよく分かるなあと思う人は？」と問うと、ほとんどの子どもが手を挙げました。レンとミフユの場合と同じです。それぞれが自分の内面世界を語り、最後に発言したマリの悩み・悲しみにはみんな驚き、衝撃を受けました。

人間はふたつの現実をもっている

マリは欠席しがちで、四年生のときの担任からやがて不登校になるだろうといわれていました。暗く沈んでいるような子でした。ほとんど笑ったことがありません。顔を隠すように髪の毛を垂らしていました。マリは、私の提起を受けて六枚の作文を書いて、「先生、ありがとう」とにっこり笑って私に出したんです。

授業の一コマ。自らが綴ったものを発表する

私がびっくりして読むと、最後にこう書いてありました。「私の悩みは、この悲しみをどう貰い、生きていくかです」

内容を読んでさらにびっくりしました。マリはこれまで、絶対に自分のことをいわなかったのです。実はマリのおばあちゃんは学校の先生だった人で、「学校では、自分の身の上のことはだれであっても口外してはならない」といっていたのです。悲しいですね。教員として勤め上げたおばあちゃんが孫に示した教訓は、「学校はプライバシーをいうところではない。いじめや軽蔑《けいべつ》の対象になるだけだ」というものでした。

だから、彼女は悩みに悩んで書いたのです。それは両親の離婚です。お母さんは、小さい妹を連れて大阪へ、そして残された中三の姉は不登校で家庭内暴力を振るいます。お父さんがいないとき、彼女は一晩中、ベランダに出されて家に入れてもらえないこともあったそうです。リストカットや家出を経験していました。そういうことを、作文を読んで初めて私も知りました。

「このことはお父さんにいちばん言いたい。でも、会社が倒産寸前でお父さんは今、毎晩寝ないでかけずり回っている。そんなお父さんにこんな私のことで心配かけたくない」

健気《けなげ》です。「でもこのことはだれかに言いたい。でも言いたくない。でも言いたい。でも言いたくない」これをくりかえし書いていました。悩みに悩んで、最後はやっぱり言いたいと、言う相手に私を選んだわけです。だから、作文を出すときに、私は何もしていなかったのに「ありがとう」と言ってくれました。

私は、人間はふたつの現実をもっている、と考えています。彼女にとって、両親が離婚したことや父親の会社が倒産寸前であること、それがひとつ目の現実です。そういった自分を取り巻く現実が容易に変わらないことは、五年生でも知っています。

もうひとつ、私たちにとって大事な現実があります。それは、その悲しみ、その苦しみ、そのつらさを、たった一人の小さい体の小さい心に封印しながら生きるか、そのことをわかってもらえる人といっしょに生きるかという彼女自身の現実です。

アユミもマリも客観的現実を仲間に理解してもらい、共に生きる共存的他者を求める道を歩み出したのです。テレビ局の撮影カメラが回っているなか、マリは絶対に言わないだろうと思っていたのに、アユミが涙をぼろぼろ流しながら必死に我慢して作文を読んでいる姿をみたときに、マリは自分の作文の内容を語るのです。

マリは最後にこう発言しました。「そうなのよ。大人ってみんなそうなのよ。子どもの心をわかろうとしないんだから。アユミちゃん、いっしょにがんばろう」と。今、こうした共存的に歩もうという応答がないのです。

生徒たちが「イカダ」を作る

一〇月一〇日のイカダ作りは、二学期最大の金森学級の独自な行事です。子どもたちはとにかく燃えていました。目標は先生の手を一切借りずに、二五メートルプールを渡りきれるだけのイカダを、材料集めから組み立てまで、全部自分たちで成し遂げることです。

なぜ学校でイカダを作ってプールに浮かべ乗って遊ぶのか？　「そりゃあ楽しいからですよ～」と笑顔で答えても、教員の多くは納得した顔をしません。金森学級最大の楽しいイベント「どしゃぶりどろんこ」を始め、活動の教育的意義を同僚たちも研究者もマスコミ関係者もしつこく聞きたがります。「すぐに聞くな。もっと自分の頭で考えろ！」「めちゃくちゃに楽しい！　ということが今、学校にとって、子どもにとってどれほど大切か、まずそこにもっともっとこだわれ!」と叫びたくなります。もちろん私は、明確なねらいを持っています。

① 二度と来ないこの少年時代、ガキ丸出しで友にぶつかり、大自然にもまれ、遊びほうける喜びを自分たちの手で作/創る力を育《はぐく》み、鍛えること。

② めちゃくちゃに楽しいという「生きている輝き=生の充実」を身体に刻んでこそ、「いのち・存在の尊厳」を培い、生を奪うものを憎み、拒み、闘う土台をつくることになる。

③ もの・こと・自然・ひと・社会とのつながりを生みだし、そこにある「いのちの鼓動」を知覚する感覚、感性、好奇心、技、身体性、社会性などを育む。

以上の大きなねらいのもとに、「イカダ作り」(ときには「焼きいも」活動の場合も)固有のねらいも追求します。地域の新築中の現場を訪れ、材料の木材をもらったり、大工さんにインタビューしたりする、林業の学習と結合させる場合が最も多いと言えます。

それらのねらいに迫っている典型的な「手紙ノート」を紹介しましょう。二〇〇〇年度四年生の学びの姿です。

今日の帰り道に家を建てている大工さんに焼きいもで使う木をもらいにいきました。宮本さん、土村さん、石橋さんと私で「すみません。焼きいもで使う木をもしよければくださいい」というと上の方から「そこにないか。あったらとってけや」と言われたので、大きい鉄の箱に入っている木をもらいました。小林さんと油屋さんも来て木をもらっていると、大工さんが中から大きなふくろとごみぶくろを持って「これもってけ、もってけ」といったので、「ありがとうございます」といって中を見るとたくさんの木があって重たかったです。でも大工さんはこれを肩にかけて一人でかるがるともってきたので力もちですごいと思いました。

木を学校においてきて大工さんにインタビューしました。中川さんも奥村さんもインタビューに参加しました。「もらった木は何の種類の木ですか」と聞くとアカマツとベニマツとエドという木でロシアと中南米から輸入してきたのだそうです。ねだんは日本の木にくらべて安いといっていたので、日本の木は売れないなあと思いました。

家を一けん建てるのに二人の大工さんしかいないそうです。でも電気屋さんやかべやさんなどは来るそうです。「二人でこれを建てるんすごい」と私がいったら、「二人でも大丈夫や」と楽そうにいっていました。給料は一日二五〇〇〇円くらいでそれでも安い方だそうで、高いときは三〇〇〇〇円くらいだそうです。（二〇〇〇年一二月に聞き取り）

「木をもらったお礼に焼きいもを持って行きますね」と大工さんに約束しました。

（四年、アスカ）

子どもが何を具体的に、そして生き生きと、実感的に学び取っているか、人との出会いという道徳的な学びも含め、見事に伝わったことと思います。

家族との合作

さて、四年一組では、九月になるとすぐ、住んでいる町ごとに三つのグループに分かれて準備を始めました。家が近いほうが、材料集めなどのために放課後集まりやすいからです。五六歳の「ゴリラ」（私のこと）から「手作りで遊びを作れない、現代のマヌケフヌケ少年少女！」とさんざんのしられたのです。絶対に成功させなければなりません。子どものプライドがかかっています。

九月一七日、コウスケは手紙ノートでこんな報告をしました。

今日おじいちゃんに「イカダを作りたいから竹を切りに行こう」と言ったら、おじいちゃんは「よし」と言って、トラックで連れていってくれた。そして山から二本、竹を切ってきました。お母さんが竹を持っている人に電話で言ってくれました。竹を切るのに、二つのノコギリを使いました。家で、車庫に切った竹を並べてみると、これを縄でしばったら、一人乗り用イカダが完成しそうだった。でもそんなにうまくいったら、先生が前にもったクラスの一つぐらいは成功しているはずだから、そんなに簡単ではないのだろうと思った。

みんなからの質問に答えるコウスケの話では、一〇メートルほどのかなり太い竹を切ったという。竹のしばり方は、今度あらためておじいちゃんに教えてもらうことになっているということでした。

コウスケの班はさっそく、竹をベースにしたイカダの設計図作りを開始しました。みんなはコウスケの竹の話をきっかけに、自分たちがどんなイカダを作るのか、具体的なイメージを描きながら材料を集めるようになります。魚を持ち運ぶときに使われる発泡スチロールの大きな入れ物をスーパーからもらってきたり、本棚か何かをばらしたと思われる長い板をゴミ捨て場からたくさん拾ってきたり。教室の前の廊下には、子どもたちがあちこちから集めてきた、一見ガラクタ、実はイカダの大切な部品が、ずらりと並びはじめました。

ダイキが、イカダ乗りに使うオールをお父さんと作って持ってきたときには、教室中が盛り上がりました。私も「これは頑丈にできとるな」と感心するほどの出来栄えでした。ダイキが得意げに報告します。

「お父さんと作りました。夜、ギリギリまでかかりました。苦労したところは、取っ手の丸いところです。やすりで削ったところが難しかったです。色は自分でつけました」

「なんで、作ろうと思ったの？」とユイコが聞きました。

「もともとオールはうちにあると思っていて、お父さんに聞いてみたら、そんなもんないわって言ったから、買いにいこうと思ったけど、お父さんと相談してやっぱり作ってみようということになりました」

家族との合作！　という、これまでにはなかった新しい製作活動の嬉しい誕生です。

真剣に怒る

いよいよ一〇月一〇日。イカダ作り本番の日がやってきました。この日はいつもより子どもたちは自主的に三〇分も早く登校。イカダ作りの舞台となるプールまで材料を運び込み、始業のチャイムが鳴るギリギリまで、ノコギリで木を切ったり、発泡スチロールを設計図通りに並べたりと、準備を続けていました。本番は、五、六時間目だが、できるだけ早くイカダを作り上げて、早く、そして長くイカダ乗りを楽しもうという子どもたちの作戦でした。

チャイムが鳴って、いつもの手紙ノートの時間。「家族への聞き取りシリーズ」でマユコが看護婦をしていたおばあちゃんのことを書いて発表しました。

ごはんを食べているとき、おばあちゃんが話してくれたことを手紙ノートに書きました。ずっと前、おばあちゃんが肺結核になったことです。おばあちゃんが結核になったとき、患者さんにうつされたから仕事をしなくても給料がたくさんもらえたそうです。そして、「お父さんを何歳のときに産んだの？」と聞くと、「三二歳のときだよ」と言った。ちょっと産むのが遅いかなと思いました。そして、一番大変だったことは結核と出産が重なったことです。本当は三人も子どもが産まれるはずだったのに、結核と重なって一人お父さんしか産まれなかった。お父さんはたぶん（兄弟を）ほしかったと思う。おばあちゃんはおなかが大きくなっても「産めません」と言われたとき、泣くほど悲しかったそうです。なぜ産んだらダメかというと、病気が悪くなるからです。

おばあちゃんは五年間も結核と闘ってきました。そんなおばあちゃんをスゴイと本当に思います。

ご飯を食べながら祖母が語った悲しく、だが優しく強い生き様の手紙ノートでした。「さすがマユコ！」と身を乗り出すように聞き込んでいた私とは対照的に、子ども側の反応が乏しいのです。質問が出ません。感想も「マユコさんのおばあちゃんはすごいと思いました」といった、おざなりなものでした。興味関心が、イカダに向かっていたようです。「やはり子ども、それで当然」と切り返しができないまま、「みんなシャキッとしなさい。三年生からあれだけやってきたのに、質問が出ないのはおかしい。一人の知恵から出されたものは三人の知恵でちゃんと返さないと」と活を入れるだけの始末でした。それにもかかわらず朝読めなかったトモコの手紙ノートをさらに給食の時間に読むことにしました。

私のお父さんとお母さんの仕事は、お父さんは会社でパソコンをしたりしていて、朝七時三〇分ぐらいに出ていきます。帰るときは九時～一一時ぐらいまでで、お母さんは、仕事というより知りあいの人の手伝いをしていて、何の仕事かというと、家の設計図のようなものをパソコンで打っています。私のお父さんは今会社で働いているけど、前「お父さんの夢は」と聞いたとき、ちゃんと言ってたけど、忘れました。だけどすごい夢をもっていることを言っていました。今度書きます。

コウスケとミフユが立ち上がり、感想を言おうとしたとき、私はついに我慢できなくなりました。

「ユイコさん、コウキさん、ユウトさん。トモコさんのお父さんはどんな仕事をしていると言っていましたか？」

三人は、トモコが手紙ノートを読んでいる間ずっとしゃべっていたのです。当然答えられません。

「友だちの言っていることをなぜ聞けないんだよ。なんでしゃべっとるのかなー。一時間目に何の話をしたんですか。何度言わせるんだよ」

ユウトが「ぼくたちはしゃべっていて……」とボソボソつぶやく。

「あやまってすむ問題じゃない。朝から私が言っていたことを、あなたたちどう考えているんだよ。イカダなんかやめちゃえよ」

黙り込むみんな。ヨウが立ち上がりトモコの手紙ノートの感想を語り出しました。

「ぼくの父ちゃんは大学の先生で、好きな実験と大嫌いな実験があると言っていました。好きな実験のことは聞いても難しくてよくわかりませんでした。嫌いなのはつまらない資料が山のように入っているやつで、残業しなきゃならないようなものです」

後が続かない。この日は、イカダ作りの時間を確保するため、給食の後は昼休みをつぶして「終わりの会」をし、掃除の後、プールに集合という段取りになっていました。意見が出ないので、日直が教室の前に出て終わりの会を始めようとするので、私がストップをかけました。相当腹を立てています。

「ちょっと待てよ。なんで終わりの会なんですか。まだ手紙ノートは終わってませんよ。今、イカダもやめると言ったんですよ。予定は変更されたはずだ。あの三人にはする資格はないと言った。三人にする資格がないということがどういうことかわかっとらん」

「俺らもする資格ないってこと？」ヨウが尋ねました。

「当たり前でしょ」

「三五人が計画したやつを、たった三人の個人的な話でつぶさないでください」とヨウが続けました。

「それは違うなあ。しゃべってばかりの三人を放っておいたのはあなたたちです。掃除が始まるまでに決着がつかなければ、五、六時間目は普通の授業に戻す」

みんなはしばらく相談して、席替えすれば三人の席が離れるので話さなくなるのではないかと提案するが、私は今重要なことはそんなことではないとすぐさま却下。

「そこ、震源地になっているのは誰なんだ。つまりいつでも話しかけているのは誰なんだ？」

自覚しているのか、ユウトが手を挙げました。

「だったらなぜユウトは二人をかばえないんだ」

ユウトは黙ったままでした。

「おまえがいつでも友を巻き込んでいる。もちろん喜んで相手しているほうにも問題はある」

チャイムが鳴り、昼休みが終わってしまいました。強引に掃除に向かわせました。


「みんなの涙はぼくが全部出せばよかったです」


五時間目が始まりました。

「ユウト、前へ出なさい。私が一時間目にあれだけ言ったことが繰り返されるとは思わなかった。こんな場合は簡単なんです。みんなその方法がわかってないようだから言うけれど、問題を作ったのは誰か、がわかっているはずです。本人もわかっているはずです。自分一人のために、みんなのやりたいことがつぶれるんですから、簡単なんです。ユウトが精一杯、ぼくやみんなに言わなきゃならないことがあるんです。『ぼく一人はやらなくていいから、他の人にはやらせてくれ、頼む』そう言うしかないんです。大人であれ、子どもであれ一緒ですよ。悪いのは自分だとはっきりわかったら責任とらなきゃいけないんですよ。なぜ、おまえは言えないいんだよ。現に時間は刻々と過ぎていってるんだよ」

ユウトは無言のままです。このときのことを嘉悦は次のように書いています。

金森先生は、算数ドリルを忘れてきてもここまでは言わない。しかし、友だちの気持ちを踏みにじることを子どもがしたときにはものすごく怒る。「俺は絶対許さない」ということを態度で示す。子どもたちにも「すみません、もうしません」とあやまらせるだけでなく、なぜそんなことをしてしまったのかを徹底的に考えさせ、言葉や態度に表すことを要求する。(前掲書、NHK「こども」プロジェクト『4年1組　命の授業　金森学級の35人』一〇九~一一〇頁)

黙っているユウトに向かって私は宣言しました。

「ユウト。おまえは今日するな。する資格ない。考えろ」

ユウトがかわいそうと誰かがボソボソと言ったが「それぐらいの責任とらなきゃ直らん。私にも怒りがある。子どもだと思って許せることと許せんことがある」とはねつけました。

ところが、「ユウトだけぇ、でけへんのは不公平や」とヨウが抗議の声をあげました。

「しゃーない。自分でまいた種や」

「みんなもちょっと言ってよ。しゃべっていたのは、ユウトがどう考えても悪いわけで、そうとしか考えようがないわけで、どう考えても悪いけど……せやけど、ユウトがしゃべっていることと、イカダをやる資格がないという考え方もあるけど……。やっぱりユウトはその分を取り返すためにもイカダを……。それにユウト一人に、ここにいさせて、ずうっと六時間目が終わるまで、考えろというのも、やっぱりやり過ぎやから……。あの、イカダのことは関係あると言えばあるけど、ないと言えばないんやから……」

ヨウは私のやり方に納得していないが、自分の主張もまだ明確にはなっていないようです。しゃべっていたことは、イカダとは無関係だから、別に解決すべきだと言いたいらしい。たどたどしく、しかし真剣にともかくユウトを守ろうとしていることは痛いほど分かります。ヨウを始めみんなの顔を見ていると睨《にら》み付けるような怖い顔になってしまい、発言がしにくくなるだろうと思い、私はじっと目をつぶっていました。そして「もう一人だけ意見を聞く」と言いました。

マユカがなんとか話しはじめました。

「ユウトさんは私たちのグループの一人だから、ユウトさんが入ってないと……」

途中から涙があふれて言葉が続きません。「がんばれ」と誰かが声をかけるが続けられません。

コウスケが立ち上がりました。

「ユウト君は確かに悪いと思うけど、ぼくたちにも責任はあるので、ユウト君が残るんだったら……ぼくも残ります」

二人の言葉を聞きながら必死で考えをまとめたヨウが再び話しはじめました。

「イカダは、クラスで、先生に頼ってやったわけではないから、ちょっと頼ったところもあったけど、全部頼ったわけではないから、みんなのことだから、みんなが許せば、ユウト君は、まあ悪いと言えば悪いんだけど、そんなイカダをやめる必要はないと思います。みんなどう思いますか。……今、涙流して、もうだいぶ反省していると思うので、残らせても残らせなくても、これで心はシャキッとすると思うし、みんなもさっき許してくれるって言って、ユウトにここで残っておれというヤツも一人もいないんだから、ユウト君にイカダをやらしてください。お願いします」

ヨウは深々と頭を下げました。みんなに向かって語り、頷《うなず》きを確認して私に迫りました。みんなも「お願いします」と続きました。「みんな、ありがとう」と言いたいユウトの涙は止まりません。

「ヨウ、久しぶりに、かっこいいこと言ったな」

ヨウに手を差し出しました。「よくぞ、ここまでがんばったあ、エライ」という意味のハイタッチをしようというわけです。照れくさそうに手を出したヨウとのハイタッチは、しょぼい音しか出なく、みんなが笑ったので、もう一度。「パンッ！」今度はいい音が響き、みんなが自然に大きな拍手で事件解決を喜び合いました。

イカダ作りは予定より四〇分遅れて始まりました。ヨウがユウトの肩をポンとたたく。

「ユウト、おまえにもええとこあるんやから心配するな」

次の日、ユウトは手紙ノートを書いてきました。

　昨日ぼくは、事件を起こしてしまった。ごめんなさい。
マユカさん、涙を流してまでぼくをかばってくれてありがとうございます。ヨウ君やコウスケ君も、涙が出そうなくらい意見を言ってくれて、ありがとうございます。プールに行くとき慰めてくれた人、ありがとう。みんなの涙はぼくが全部出せばよかったです。

大人も言えない四年生のすばらしい教育思想

こんなハプニングの後だけにイカダ乗りは盛りあがりを見せました。みんな本当に楽しそうでした。大騒ぎしている子どもたちを、プールサイドに座ってまぶしそうに見ていた私に、嘉悦が「今回はやられましたね」と話しかけてきました。「あれはもう完璧《かんぺき》でした。完璧な私の負けです」と敗北宣言を述べました。

「苦労してきたのは俺たちだから、先生が俺たちの苦労したことを取りあげるのは筋違いだと。ましてやユウトはイカダで問題を起こしたわけじゃない。だから解決はそれ独自であるべきだというのは、これは子どもの言う通りです。たいしたものです。あれだけのことは大人も言えませんから」

なぜヨウは私が完璧な負けと言うほど頑張れたのでしょうか。嘉悦はヨウに聞いたことを次のように書いています。

「イカダ作りのとき、ユウトを守ったな」

「うん、当たり前や」

「どうして、当たり前や?」

「ユウトは、憎たらしくて、口も悪いし、いらつくし、『このやろー、ふざけんな』って思うことも多いねんけど、好きやねんて。頭くるけど、友だちだから、ユウトは。友だちだから守った」

(略)

「ヨウとユウトの、かっこよく言うと、友情みたいなものはどうやってできてきた

自分たちで作ったイカダに乗る

の?」

「いくら普段、ユウトがバカなことやってても、やっぱり人間つーのはいいところあるやん。そのいいところというのをユウトには見せてもらっているから」

「いいところ見させてもらっているときというのは、どういうとき?」

「3年のとき、サッカーやってるとき、大チャンスを俺、逃してしもたことあって、敵もほんとにもう完全にフリーになって、全然戻ってきてなくて、点入れなアホやっていうときに、俺シュートはずしてしもうてん。みんなはボロクソ言ってきてんけど、そのときユウトが『もうドンマイでええやん』って」

「ユウトが助けてくれたんや」

「そう。だから友情は、遊んだり、サッカーしたり、そこでボロクソ言われても、それだけで生まれる。言葉で友だちになるんじゃなくて、サッカーとか空手とか、それとか野球とか、それ自体で仲よくなる」

言葉でなくて遊ぶだけで友だちになる。友だちだから助ける。そのために成績が下がっても平気。こんな言葉を聞くと、子どもには勝てないなあと思う。（中略）

ヨウがあそこまで頑張れた理由にはもう1つ、金森先生に対する信頼感がある。（中略）

「なんか、他の先生やったら、1、2年のときは、俺の考えとか受け入れてくれんかってん。というか、他の先生やったら『受け入れてください』とか『ぼくにはこんなところがあります』って話す前に、『おまえもうダメ』って。3割か4割ぐらい話して、最後まで聞かんのに、『おまえの考えはダメ』って言われることが多かったんやけど、金森先生は最後まで聞いてくれる。教室では、先生がキャッチャーで、子どもがピッチャーやねんて。みんなは普通直球投げるねん。俺だけフォークとかカーブとか、そんなボール投げて、そういうときでも金森先生は、ヤクルトの古田とかダイエーの城島とか（2人ともプロ野球の名捕手）みたいに、自分が要求したボールと違ってもバシンって捕ってくれるねんて。他の先生やったら、直球待ってて、カーブきたら、最後はど真ん中にいくとしても、『あっ、カーブきた』というだけで、捕ってくれへんねん、最初から。ほんでピッチャーのエラーになってしまう。だけど、金森先生やったらずーっと信じて見てくれとるから。もしも違っても、最後には体で受け止めてくれる、そんな感じやから。人を信じてくれるっていうか、そんなところが学校では一番好きな先生」(前掲書、一一七～一二一頁。生徒の名前は金森がカタカナに直した。本文内での引用も、以下同様)

とても四年生とは思えない、教師と生徒とのあるべき関係性を述べた、教育思想とも言えるような言説に私は驚き、喜び、感動してしまいました。

後に、作家の重松清《しげまつきよし》は、「金森さんがそこまでキャッチャーできるのも、子どもが安心してキャッチャーに任せることができるのも、保護者や市民がバックネットになって守り応援しているからだと思う」と語りました。納得の指摘でした。

お父さんが亡くなった

三学期も半ばを過ぎた二月二一日のこと。

「体をシャキッとこちらに向けなさい。今から、今日一番大事な話を伝えます。二年間の中で最も大事な話だ。しっかりと聞いて欲しい。ツバサが、今日、欠席しました。正確にはまだ言えないんだけど、ツバサのお父さんが今朝、突然亡くなられたそうです」

誰もが驚いた表情で、教室中が張り詰めた空気になりました。

「朝学校に来たら、校長先生に、『ツバサのお父さんが亡くなったそうなんだけど、おじいさんの間違いじゃないかな。はっきりと確認できてないので、電話をしてみて』と言われました。電話をしました。お母さんが出ました。泣いていました。『いったいどなたが亡くなられたのですか？』『ツバサの、お父さんです』『え！　病気だったんですか？』と聞いたら、『昨日まで元気いっぱいでした』。布団の中で、朝気づいたらもう亡くなっていたそうです」

静まり返った教室で、ミフユが「私の場合と同じや」とつぶやきました。

「そう、ミフユと同じです。僕は今、ミフユにうんと助けられている。ミフユは三歳で突然にお父さんを奪われた。経験しなくてもほんとはいいことだけど、経験した。その悲しみを乗り越えて今、しっかり生きてる。ミフユのことを学級でもいろいろ考えてきました。こんなことは次々と経験してほしくないし、起きてほしくないけども、現実に起きた。現実に起きるということだ。それが今、ツバサのお父さんだ。しかし、これは誰かのお母さんかもしれない。ひょっとしたら僕らの仲間かもしれない。悲しいかな、命には約束がない。絶対だという約束はない、ね。心の準備があるときはまだいい。でも突然だ。ツバサも突然だ。ミフユも突然だ。だからこそ、生きることや命をしっかり考えておいてほしいし、何よりもツバサを励ましてほしい」

涙をこらえ、恐らくとても厳しい表情だったでしょう、懸命に語りました。

「ツバサを励ましてほしい」という私の呼びかけに応《こた》えて、この日の放課後。ヨウ、ケンタ、コウキ、ユウスケの四人は、ツバサの家の近くのコンビニエンスストアでこづかいを出しあって、自分たちなら「一ヶ月かかって食べるくらいのお菓子」を買いこんでツバサに差し入れたそうです。

翌日は学級委員であるミライの呼びかけで、一人ひとりがツバサに「励ましの手紙」を書きました。

ツバサさんのお父さんが亡くなったと聞いて、一番最初はびっくりした気持ちだったけど、悲しみに変わりました。涙がすごくあふれてきました。泣いていることがはずかしくてかくしながら少し泣いていました。自分の今の気持ちをすなおに表現できない自分が少し情けなかったです。自分のことで悲しかったら泣けるのに、人のことで悲しかったら泣けないのはおかしいことかなあとも思った。

一人の命が消えたらたくさんの人が悲しむから、一人だけの命じゃないということを学級のみんなで考えました。

私はツバサさんがお父さんを亡くしてしまった気持ちをすべて知っているわけじゃないから、えらそうなことを言えないけど、せいいっぱいツバサさんの気持ちを知って、いっしょに力になれたらなあと思いました。（マユコ）

ツバサ君へ
今はお父さんが亡くなってしまったけど、ミフユちゃんのように、お父さんからもらったものがきっとあるから、それを探して、大切に生きていってください。
ここでずっと立ち止まっていたら、先には進むことができないから、今このときにやらなければいけないことは、たくさんあるから。少しずつでいいので、先へ、金森学級と進んでいこう！（シオリ）

お父さんが亡くなり、せいしんてきにも悲しいと思うし、お父さんがいなくなって生活てきにもつらいだろうし、夜も話はできない。前まで「ツバサ！」と元気に言っていたお父さんはもういない。「ただいまー」とドアを開けて、もう帰ってこない。

悲しいけれど、それが本当の現実だろう。だからツバサのことを考えると涙が出る。

そういう面ではオレらは何一つできないが、ちがう面では応援できるから、できることなら言ってくれ。ツバサ、負けるなよ。（ヨウ）

ツバサ君へ
いまはまだお父さんの死は深いきずになっているかもしれないけれど、いつかみんなに言い出せるようになると思うから。
お父さんの生きられなかった人生までも生きて、お父さんのできなかったことをしっかりやっていけばいいよ！
ゆっくりでいいから、がんばって！（ミフユ）

五日後、ツバサが登校してきました。

朝の会でまずヨウが発言しました。

「ツバサ君が帰ってきて、別に大げさにする必要はないんだけど、朝来たら、ツバサ君が席に座っていて、それが久しぶりに見る光景だから……。あの、ツバサ君、おかえりなさい」

おとなしいシンヤがそれに続いて提案です。

「今日、ツバサ君が元気よく来たので、みんなでツバサ君を励まして、サッカーをしませんか」

「よーし」という声があがり、次々に発言が続きます。

「先生、二、三時間目のどこかで時間取れたら、ちょうだい」

「今度の体育いらんから、お願い」

「そうそう先生、こんなに晴れとるねんよ」

「マジで体育いらんから」

「お願いー」

「お願いします」

もう三月に近い。学年末でどの教科も簡単に削れないことは子どもも分かっているのです。

「そしたら一時間目、半分だけ！」

「やったー！」

この日のサッカーで、ツバサは二得点。大活躍でした。シュートチャンスに仲間はツバサにパスを出し、心憎い気遣いを見せていました。

天国への手紙ノート

三学期もあと一〇日になりました。学級では独自の「四年一組しめくくりの会」の企画や準備で慌ただしい毎日を送っていました。ケンタとヨウがツバサに対して何か企画をたてるかどうか相談していました。五年生になるとクラス替えがあって、金森学級はバラバラになってしまいます。だから最後に一度だけ、ツバサのために何かしたいと思っているのです。

ケンタから相談を受けたヨウも「うーん、でも特別扱いはしたくないしなあ」と迷っています。ツバサを特別視しないというのはクラスの、特に男子の間では暗黙の合意事項だったようです。実は、ミフユはお父さんについてクラスで話したことを一度後悔していたのです。それは、やはり何人かがミフユに同情し、特別扱いしてしまったからです。

その苦い体験をみんなは心に刻んでいるのです。だから、お父さんが亡くなってツバサが初めて学校に来た日、授業をつぶしてサッカーをした後は「ツバサを特別扱いしない」が一種の合い言葉のようになっていました。

ただケンタにはツバサへの特別な思いがあったことを嘉悦から教えてもらいました。「ケンタの家は秋に引っ越しをした。新しい家は、ツバサの家から歩いて5分もかからないところだった。家が近くなってから2人はよく一緒に遊ぶようになり、2学期の終わりからは、早起きが苦手で遅刻しがちだったツバサを、ケンタが迎えにいくようにもなっていた」(前掲書、一四九頁)といいます。だから、ツバサは手紙ノートにケンタへのお礼を書いていました。

けんちゃん
けんちゃんはぼくをまいにちむかえにきてくれる。

けんちゃんありがとう。

なんでありがとうというと、ちこくしないですむ。かんしゃしている。

けんちゃんはぼくのことをおもってむかえにきてくれる。ありがとう（3月13日）（前掲書、一四九～一五〇頁）

ヨウとケンタの相談がまとまったようです。ヨウが学級に提案をしました。

「ぼくは思うんだけど、ツバサ君を特別に見るんじゃなくて、そのかわりにツバサ君のお父さんに手紙を書いて、ツバサは今、明るくてクラスのムードメーカーで、とてもよい友だちですとかそういうのを書いた手紙を、みんなで書いたらいいと思います」

学級のみんなはもちろん大賛成でした。そのとき、ミフユが立ち上がって「ツバサのお父さんに手紙を書くのなら、私のお父さんにも書きたいので、書かせてください」と言ったのです。教室が少し静かになりました。そしてひと呼吸あった後、「いいよ」「そうしよう」という声があがりました。「気づかんでごめんな」そのような声も聞こえました。

みんなで書いた「天国への手紙ノート」

私はこのミフユの発言に驚き、そして大変喜びました。お父さんが戦場に行くことになり、恐らく戦死したであろう母子を描いた物語「一つの花」を読み、父の存在を学級で深く考えたこと、家族それぞれの人生史の聞き取りを続けてきたこと、ツバサの父をめぐっての学級の仲間の率直な行動などを見てきたこと。これらが、ミフユの発言になって表れたのでしょう。

三月二〇日、「四年一組しめくくりの会」の日。一人ひとりが板きれを持って運動場に飛び出しました。天国にいるミフユとツバサのお父さんに手紙を書くためです。ミフユとツバサは自分の名前を、他のメンバーは一人一文字。二メートル四方の大きな文字を運動場に刻むのです。

天国までどうやって手紙を送るのか、グランドに大きな文字を刻む方法に決まるまで私も子どもと共にずいぶん悩み、考えました。文章は、ケンタが中心となり各班から代表者が集まって考えに考え抜いた言葉が提案されました。その言葉に私も「見事！」と脱帽したものです。

文中にあった「いつも元気」という言葉について、それはおかしいのではないかという意見が出されたところ、コウスケは、「『元気』というのは、いつも明るく笑顔というのではなく、悩んだり悲しんだり泣いたりしても、一生懸命に生きているという意味で使っているのです」と答えたものです。

グランドに鮮やかに刻まれた「天国への手紙ノート」の文章です。

ミフユとツバサのお父さんへ
二人はいつも元気だ
私たちがそばにいるから安心してね

その文章を見下ろすことができる体育館側の坂に並んで、天に向かって二度、大声で読みました。そのとき、信じられない光景に出会ったのです。空から雨がほんの少し降ってきたのです。

「うわあ、二人のお父さんに聞こえたんや、嬉し涙や、これは！」という声が聞こえました。後で、嘉悦から「書き終わった後、イカダ事件の主役の一人、ユウトがぽつりと『死んでしまったら普通の手紙は届かないけど、心の手紙はきっと届くと思う』とつぶやいた」と聞きました。まるで台本で展開しているドラマのようでした。

第三章　金森実践はオランダで受け入れられた

――本当の「教育の主流」

オランダに呼ばれる

私たちがオランダに招かれたのは、二〇一二年九月のことでした。金森に対しオランダ教育関係者から再三来訪の依頼があり、熱心な誘いをとうとう断り切れずに招待を受け入れました。

ただ、招待を受けたものの、どうも私たちは腑《ふ》に落ちませんでした。というのも、オランダ教育について事前に調べてみると、いいことしか出てこないからです。オランダは教育の満足度が世界一とも言われ、国際学力調査のランクも常に上位に位置しています。また、風土としても、とても自由を大事にしており、モンテッソーリ、シュタイナー、イエナ・プランといった、子どもたち一人一人を尊重する教育法を取りいれる学校も、数多く存在しています。

教育方針について、学校ごとに独自性が認められている環境は、日本の教育事情からすると理想的に見えました。実際、オランダ教育から学べという趣旨の本も、日本では数多く出版されています。それなのに、なぜオランダの人たちは金森を招くのか。その意味が十分に分からないまま、私たちは渡航したのでした。

到着翌日の九月三日午後より、オランダをほぼ一周する講演旅行に出かけることになりました。訪問した都市は一五か所、一二日までの一〇日間で行われた講演会は実に一七回、他に学校視察及び子どもとの対話三回、中等学校（College）での授業三回、生徒のプレゼンテーション鑑賞及び生徒との懇談一回、研究者のインタビュー一回など。正直に言って、とても過酷なスケジュールではありました。しかし、オランダ市民が金森実践に強い関心を持っていることを、各地を回ってみて肌で感じることができました。

この章では、オランダ市民が金森実践の何に共感したのか、オランダ教育が直面する問題は何で、金森実践にどのような答えを見出《みいだ》したのか、実際に、オランダの人たちは金森の講演や授業を受けてどう反応したのか、という点について考えたいと思います。

金森を直接オランダに招待したのは、現地の民間教育団体 NIVOZ（現地発音で「ニフォス」と読む、オランダ語で Nederlands Instituut voor Onderwijs en Opvoedingszaken、英語で Netherlands Institute for Educational Matters）ですが、各地の講演会や私たちの送迎接待等を担ってくれたのは、別の教育研究団体のメンバーでした。

各地の講演会企画は、ニフォスが各団体に参加を呼び掛けたことで実施されました。合計三二もの教育団体や学校が今回の講演企画に関わりました。民間の教育団体が、これだけ活発に活動しているのはオランダ教育界の大きな特徴です。このように、市民参加の教育活動が自由に行われている点は、注目すべきことです。

金森がオランダに呼ばれた何よりのきっかけは、第二章でも見た四年一組との一年間を記録したNHKドキュメンタリー『涙と笑いのハッピークラス』（NHKスペシャル番組「こども　輝けいのち」の第三集、二〇〇三年五月一一日（日）放映）でした。同番組は視聴者からの高い評価を得て、その後何度も再放映されました。この番組は同年秋に開催されたNHK主催、教育番組国際コンクールで「グランプリ日本賞」を受賞し、二〇〇四年には世界四〇の国と地域から一五部門九百を超える番組の応募があった「第二五回バンフテレビ祭」（カナダ）において、一五部門を通じて最高の作品に贈られるグランプリ「グローバルテレビジョン・グランドプライズ」を受賞、同時にファミリー向け及び青少年番組部門の最優秀賞「ロッキー賞」も受賞しました。

世界的な二つの大賞を得たこの番組は各国の言語に翻訳・放映され、教育界や映画界から注目されました。その中で、最も強い関心をもった国がオランダでした。

講演に集まった聴衆は、教師、教員養成校の教員、保護者、学生などでした。講演は有料にもかかわらずどの会場も一〇〇名を超える人々が集まり、熱気があって大盛況でした。それだけ、オランダ各地に『涙と笑いのハッピークラス』が知られており、金森の話を聞きたいと思う人がたくさんいたということになります。総主催者ニフォスからの報告によれば、すべての講演参加総数は四〇〇〇人を超えたそうです。

オランダでも教育への圧力は強まっていた

オランダの市民たちは、学校教育を支配し始めていたある事態に危機感を抱いていました。それは、学力向上を要求され（国から、理事会から、保護者から）、教育内容が形骸《けいがい》化し、貧弱になってしまうことでした。この危機感は、最初の講演場所を皮切りに、各地で頻繁に聞こえてきました。

最初の講演は、オランダ東部に位置し、ドイツとの国境に近い街アルメロ（Almelo）市の市内図書館で行われました。講演を主催した地元のデ・ハーゲドールン小学校のヤン・メットゴッド校長は、近年の理事会が短期間のうちに（学力上）よりよい結果を得ようとしているのに対し、学校側は「持続可能なかたちで我々の教育を向上させたい」、もっと長い時間をかけてじっくりと子どもの成長と向き合いたい、と考えていました。

学校の取り組みに確証を与え、人々にも自分たちの進んでいる道が正しいと分かってもらうために、金森との交流の時間を持ちたい、と企画したそうです。そのような経緯から、講演会のテーマは「如何《いか》にして教室に教育理念を取り戻すか」と掲げられていました。

司会者が会場に投げかけた質問が、今のオランダ学校教育の実態と、それに対する教育者たちの問題意識を反映していました。質問の一つは「現代の教育では、教師と生徒の関係作りよりも成績向上の方が優先されているか」というものです。この問いかけに、聴衆のほと

2012年オランダ滞在日程

日付	都市	主催団体・場所	内容
9/3	Almelo (アルメロ)	OBS de Hagedoorn (デ・ハーゲドールン小学校) アルメロ図書館	講演①
	Hengelo (ヘンゲロ)	Ouders & Onderwijs Twente ヘンゲロ市庁舎	講演②
9/4	Boxmeer (ボクスメール)	OBS de Bonckert (デ・ボンケルト小学校)同所	学校視察・子どもとの対話①
	Eindhoven (アイントホーフェン)	Fontys Hogescholen (フォンティス職業大学)同所	講演③ 講演④
9/5	Driebergen (ドリーベルゲン)	Besturenraad Academie Landgoed de Horst (NIVOZ関連施設)	講演⑤
	Driebergen (ドリーベルゲン)	NIVOZ Landgoed de Horst (NIVOZ関連施設)	Dutch Kanamorisとの懇談・講演⑥ 講演⑦
9/6	Barendrecht (バーレンドレヒト)	NTO-Effekt Dr. Schaepmanschool (ドクター・スカープマン・スクール)	学校視察・子どもとの対話②
	Ridderkerk (リダーケルク)	NTO-Effekt Hotel van der Valk	講演⑧
	Den Haag (ハーグ)	De Leerschool ism Karen de Juf en Paulien Stoffer De Leerschool Montaigne Lyceum (モンテーニュ高校)	講演⑨
9/7	Amstelveen (アムステルフェーン)	Checkitin! Het Amstelveen College (アムステルフェーン・カレッジ)	授業① 授業②
	Amsterdam (アムステルダム)	Rapucation Pieter Nieuwland College (ピーテル・ニューランド・カレッジ)	生徒発表・懇談

日付	都市	主催団体・場所	内容
9/7	Amstelveen (アムステルフェーン)	Checkitin! Het Amstelveen College (アムステルフェーン・カレッジ)	講演⑩ いじめ劇鑑賞と講評
9/8	Amsterdam (アムステルダム)	Nederlandse Academie voor Psychotherapie (オランダ心理療法学院) 同所	講演⑪
9/10	Arnhem (アーネム)	Nowhere en Matters 2 Hogeschool van Arnhem en Nijmegen (アーネム・ナイメーヘン職業大学)	講演⑫
	Roermond (ルールモンド)	Irisz TheaterHotel De Oranjerie (オランジュリー・シアターホテル)	講演⑬
9/11	Rotterdam (ロッテルダム)	Hogeschool Rotterdam (ロッテルダム職業大学) 同所	講演⑭
	Rotterdam (ロッテルダム)	Comenius College (コメニウス・カレッジ) 同所	授業③ 講演⑮
9/12	Heerenveen (ヘーレンフェーン)	Educatief Kindcentrum Atlas (アトラス学園) 同所	学校視察・子どもとの対話③
	Heerenveen (ヘーレンフェーン)	Educatief Kindcentrum Atlas (アトラス学園) EKC Atlas近くの公会堂	講演⑯
	Groningen (フローニンゲン)	Hanzehogeschool Groningen (フローニンゲン・ハンゼ職業大学) 同所	研究者のインタビュー 授業④ 講演⑰

んどがYesと意思表示したのです。

この質問と回答は注目に値します。オランダはこれまで、自由で個性や学び合いを大切にする教育風土と紹介されてきました。しかし、そうではなくなってきている、と聴衆は感じていることを如実に表しています。私の友人で、二〇年前にオランダに住んだ経験のある人の話では、当時は宿題もなく、子どもは何も持たずに学校へ通っていたそうです。鉛筆でさえも、学校のものを使っていたとも話してくれました。

この変化から、国際競争力が世界規模で強く意識されるようになり、オランダの学校教育でさえも、例外なくその余波を受けていることが指摘できるでしょう。また、近年は補習塾（Bijles, バイレス）に子どもを通わせる家庭も増えているそうですから、驚きです。政府だけでなく保護者も、学力の向上に躍起になってきている。おおらかだったオランダでさえ、そうせざるをえない状況になってきているのです。

オランダの学校は、日本のような一斉授業ではなく、グループごと（学校によっては異年齢集団）に座って、それぞれが自分の課題と向きあいます。実際に私たちが学校を視察した時も、多くの児童が既成のドリルや教材を使って作業している姿が見受けられました。しかし、こうした学力向上に徹することが、教育実践の中身を乏しくしてしまっていると、多くのオランダの教師たちが考えていることも分かりました。

学力向上を目指した教育との対立が激しくなっている中、多くのオランダ人が金森実践から学び、そこに答えを見つけようとしていたのでした。『涙と笑いのハッピークラス』がオランダで全国的に受け入れられていた背景には、こうした現状と問題意識があったのです。

そして、このような問題意識は、講演期間中、至る所から聞こえてきたのでした。

オランダ講演の再現

さて、彼らは、具体的に金森教育実践から何を学ぼうとしていたのでしょうか。オランダの人たちは金森に何を期待していたのか、講演や授業をどのように受け止めたのか、また金森は現地で何を語ったのかを見ていきたいと思います。

ここで、金森講演の一つを再現します。オランダでの講演は演者が一方的に話すのでなく、会場からの質問に答える形式で進められます。聴衆と金森との間で繰り広げられるやりとりをまずはご覧ください。以下に紹介するのは、二〇一二年九月三日ヘンゲロ（Hengelo）市で行われた講演です。会場は一〇〇名以上の市民で埋め尽くされ、一人の少年が係としてフロアの質問者にマイクを向ける役割をしていました。

子どもを信頼して築き上げれば、事実が変えてくれる

問1

司会者：質問を用意していますので、それにお答えいただければと思います。まず金森先生の哲学の源泉についておうかがいします。インスピレーションはどこから生まれてきたのですか。やり続ける力はどこから来るのですか。

金森：どうもお招きいただき、ありがとうございます。少年時代、私は農家の次男坊として牛、鶏、豚、果樹、稲など農業の手伝いをたくさんやってきました。また、いたずら少年でもあり、ガキ大将でもありました。たくさんの遊びとお仕事、それから洪水も経験しました。教師になって、子どもと共にどう学び合うかを考えた時、自分の少年時代の様々な体験は、生きる上で、また成長や人格形成の上でどういう意味があったのだろうかと問い直し続けました。それが、子どもと共に幸せに学び合う、生きる知恵の源泉だと思っています。

問2

女性：元の教え子が先生のところに戻ってきて、今の人生について語ることはありますか？

金森：あります。子どもたちは、私がテレビや新聞にたくさん出るので、しょっちゅう会っているような気がするそうですが、大概は困っていることがあれば、電話するか直接会いに

きます。教え子たちもそうですが、実は保護者の方が会いたがってくれています。

問3
女性：先生の哲学原理で達成できた一番素晴らしいものは何でしょう？
金森：私は、大事な学びは旅をすること、直《じか》にほんものに触れることだぞ、と言い続けてきました。オランダにきて一番思うのは、その大きな旅ができたぞという喜びです。

子どもたちには、必ずしも大きな旅でなくともいい、小さいが好奇心を満たす、すぐできる旅でよいから、自分の心と体を開いて様々な世界に飛び込め、と言い続けてきました。どしゃぶりどろんこ体験も、日常から脱出した小さな冒険的旅です。これは、子どもも上手にたくさんやったと思います。私自身もやれたと思っています。

今回は、多くのオランダの友達が私を旅に連れ出してくれました。その差し伸べられた手をぺーんとやらないで（左手を右手でひっぱたくそぶり）、握手をしたから来られたのだと思っています。（会衆笑）

問4
女性：オランダの学校には規制やメソッドがあるため、自由に動けるスペースがありません。

そういうシステムの中で、どういう風に先生の考え方を導入できるでしょうか。

金森：私の目から見ると、オランダの教育や教師はすごく自由に思えます。私は日本の公立小学校の教員です。だから、教える内容も教科書も研修も、上からガンガン、ギュウギュウに押し込められ縛られ、こうなっているんだけど（狭い場所に押し込められているがそれをこじ開けようとするそぶり）、教育はやっぱりロマンでしょう。形を真似しないで、目の前にいる子どもと一緒につくり上げられることはいっぱいあると思っています。

子どもと一緒に、直にやれている小さなことは、誰もブレーキをかけられません。大きな事を始めからやろうとすると、子どもが育っていないため失敗してしまいます。可能性はいっぱいあります。子どもを信頼して築き上げていけば、事実が変えてくれます。

問5

男性：学力向上教育の要求のプレッシャーの中で、子どもの豊かな人格的成長にどのように近づくことができるのでしょうか。先生のやり方に皆感動しているし、同じようにやりたいと思っています。プレッシャーの中でどのようにやり続けるのか。また、教師のチームの中でもどのようにやり続けることができるのでしょうか。

金森：私は二九歳からずっと研究主任、つまり、学校教育の中身をどう創造するかの研究を進めるリーダー役を務めてきました。青年教師に期待し、責任を担って力を発揮してもらうことも大切にしてきたつもりです。

同時に保護者の力もあてにすることです。日本には、学校を支援するＰＴＡという保護者の会があります。子どものためにその会の助けを借りて、環境を守る大がかりな教育も展開したことがあります。特に私の学級では保護者が自由に教室によく来ていました。保護者たちは私と子どもたちとの授業、学び合いを見るのをとっても喜んでいました。その学校の同僚チームも保護者のチームも子どもたちと今、つくり上げている事実を見れば動きます。

例えば、『涙と笑いのハッピークラス』で言うと、最後の場面で亡き父への手紙をグランドに書きますね。四年生があれだけのことをできるという学びの事実がそれらのチームを感動させる。教育はそれほど魅力深いものです。その魅力ある深い学びが、個人やチームを変えていくのです。言葉での説得では動きません。

問６

金森学級は、いわゆる学力も高い

男性：先生のやり方は特別なので、チームの中で抵抗はないのですか。また国家からの要求で、学年が終わった頃にある程度の成績が出ていないとだめと言われるでしょう。それにはどう対応するのですか。

金森：日本の場合、成績を高めよという要求は、保護者や政府、自治体から相当強く言われます。オランダの比ではないと私は思っています。私の学級は、いわゆる学力も高いはずです。それは、学級に支援に入っている算数や英語の教師も明言しています。読書量も学校一です。

もちろん、職場で、私のやり方に反対する人もいます。教育委員会レベルでは、もっと反対の力は強いでしょう。しかし、『涙と笑いのハッピークラス』のようにいくつもの番組が私の学級を取り上げました。そして、日本中にとどまらず、世界中にその取り組みは報道されています。その意味を、誰も否定できません。

問7

男性：学校の内装外装について、どう考えればいいでしょうか。

金森：今日この会場に来ましたが、素敵な会場だと思いました。この会場のように学校は子どもたちが快適に過ごせるように、子どもの意見、子どもたちの考え、アイディアが生きる場所であるといいなと思っています。子どもに意見を聞くことができたらいいですよね。

もう一つ、私の学級を見られたらお分かりになりますが、後ろにずっと三〇〇〇冊の本を置いています。そのように、この学級に三〇〇〇冊の本があればいいな、ここに一〇〇匹のモンシロチョウを育てられたらいいなと、子どもたちが環境を学びのために積極的に作り替えることができればいいと思います。それがとても大事です。

問8

男性：中学高校からは、担任だけでなく色々な教師がその学年を教えることになるが、そのような環境の中で、先生の考えはどのように実践できますか。

金森：私は小学校で六歳から一二歳までの子どもたちと一緒に学びをつくっています。なかには「金森の教育は非常に強くて個性的なので、子どもが次の中学高校へ行ったらいつまでも思い出し、しがみついて新たな世界に入れないのでは」と言う人がいます。でも、一二歳の子どもでも、世の中のことはそれなりに分かっています。思い出にしないこと、いつかそのことが糧になるだろうから、と私はよく子どもたちに話しました。子どもを信頼していいと思います。

中学高校の先生は、授業をもっと重視して、教科書の中身をただ教えるのではなく、自分の内と外に希望を見出せる力を教えてほしい。教科書を使って世界を、そしてすごく面白い、魅力ある学問の深さをうんと教えてほしい。そうすれば、子どもと学び合った素晴らしい教育ができると思っています。

マコ（現地日本人スタッフ）**：**観客はもう少し長めの答えが欲しいそうです。

金森：分かりました。

問9

女性：親は学校の教育に対してどのような影響を与えることができますか。

金森：一つ目、親がつながり合って学校・学級を応援すると素晴らしいことができます。『涙と笑いのハッピークラス』を例にすると、水はどこから来たかを巡って、私の学年はずっと山の奥まで行って水が生み出される源泉を調べました。それは親の協力があってこそ、できたことです。親同士が仲良しになれば、間違いなく子どもは仲良しになります。親たちが勉強大好きになると、子どもたちも大好きになります。だから私の学級の親たちは、「蛍を見る会」などを自分たちで呼びかけてやっています。

二つ目、親が、今日学校でこんな勉強したよ、友だちとこんなことがあったよ、という子どもの話をうんうんと、とことん聞いてあげること。これは子どもの好奇心を強めますし、子どもの悩み悲しみに共感できるようになります。そうすれば、子どもたちは言ってよかった、人間ってやっぱり素敵だな、信頼できるなということに気づきます。親たちが好奇心を共有して学んでいくこと、悲しみを受け止め、共に生きようとすること、これが親たちのできる素晴らしいことです。

三つ目、親が一番できることは、子どもたちを、教師たちの自由熱意を、仕事ぶりを、自由な学校を、人間の尊厳を守る学校を大事にすることです。それを潰そうとする力に対して、親は守れる力を持っています。バランスよく国や社会が成り立つような力を振るうことは、先生たちは十分にはできません。親たち、市民ならばできます。

『涙と笑いのハッピークラス』で、川にどん！　と飛び込んでパッとやった（川から起き上がる仕草）ヨウのママは、それまでは教師たちに厳しい意見や要求を述べるために敬遠されることもあったようです。しかし、私には豪華なお弁当を持ってきてくれました。その時には、ビールの缶にタオルを巻いて、先生ご苦労さん、どうぞ、ってプレゼントまでしてくれました。親たちの応援があったから、ここまでやって来ることができたのです。（会場笑い）

司会者：シャンパンはありましたか？（笑）

問10

女性：先生のクラスの親は、先生の哲学を理解していましたか。

金森：できるだけ子どもの成長物語をリアルに書いた学級通信を配り、求められて書き続けた新聞のエッセイや、これまで書いた本などを通して、理解してもらえるようにします。でも一番は、子どもたちが新年度に家へ帰って「お母さん、お母さん！　今度の先生面白かったよ！　こんな勉強したよ」と言ってくれること。子どもたちが親を変えてくれます。もう一つは……そこまでにしておくね。（と通訳者にふる、会場笑い）

今見ていてもお分かりでしょ？（手を細かく動かすそぶりでノー！、大げさなアクションを交えてオウ！　と感情を全身で表現するそぶり）

体と心が子どもにも保護者にも開かれていれば（両手を盛んに開くそぶり、会場からも反響あり）、受け入れられると思います。理解をしてくれるかではなく、理解してもらうように自らが努力することです（と拳《こぶし》を振り上げる）。努力しないで理解して欲しいと言うのは間違っていると思います。

司会者：先生と同じ動作をしてください。その方が理解できます。（爆笑）

問11

子どもをよく見てください。本当によく見てください

女性：教育者が先生の哲学を適用できるようになるためには、自分はどう成長をすればいい

教師や保護者へ行った講演。身体で伝える

のでしょうか。

金森：金森は金森だけではできません。たくさんの子どもたち、その子どもに関わったたくさんの先生たち、親たちが私にうんと詰まっています、住んでいます。さらに、日本の優れた教師たち、世界の優れた教師たちの影響が詰まっています。また今回も詰めて帰ります。たくさんの人が私の心の中に入っています。決してオンリー金森、オンリーワンではありません。

二つ目です。私がオランダに来た理由の一つには、ケンちゃんという子の影響があります。ケンちゃんは学年の終わる頃、こう言いました。「先生は子どものことをとても大事にして、味方になって、子どもの良さをテレビや講演、本で日本中に言い続けてきた。だから、世界や日本中にもっともっと行って、お話しなさい、これが私たちからのラストメッセージです」と。小学四年生の子どもが言いました。私は子どもの素晴らしさを伝えていくことが、多くの教師を成長させていくひとつの方法だと思っています。

三つ目、教師はどうやって育つかといえば、子どもと向き合うことです。まず、子どものことをよく見て記録することです、書くことです、すごく。私は仲間と研究会を開いて、毎月二回、七時半から一〇時半までその記録を読み取って議論し、勉強していました。これは四〇年以上にわたって続けてきました。仲間と共に勉強することは、辛《つら》い時があっても続けなければならないと思っています。ですから、今日集まられた多くの市民の皆さんには、ぜひ、議論しながら学び合っていって欲しいなあと思っています。

問12

女性：親が子どもに親の夢を追求して欲しいのに、子どもはあまりそれに興味がない場合、どうすればいいですか。

金森：親が望む夢は、子どもに伝えていいけれど課すものではない。諦《あきら》めなさい。（会場拍手）

問13

男性：ドキュメンタリーを見て、とても感動しました。子どもたちの幸せの経験はとても大事だと思いますが、学校の方針の中で、どのような配慮をすればいいでしょうか。

金森：学校の方針は大まかだから、幸せな経験を盛り込むことは容易なはずです。
　番組の撮影の際、学校の校長はスタッフ四人のために一部屋を貸与しました。そして、先生たちとの研究会や親たちとの研究会で、彼等に話す機会をたびたび与えました。スタッフたちは、子どもたちの素晴らしさを誰よりもリアルに撮り続け、他の教師や親たちに、もっと子どもの素晴らしい日常的なドラマを知って欲しいと言いました。学校の基本的な方針の中身は、実は私や同僚たちが議論し、理解を深めていたものが元になっていた、ということです。

問14

男性：ドキュメンタリーは一度きりの話ですが、恒常的に学校の方針の中で何ができるのでしょうか。一度きりの協力は可能だとしても、学校の方針がある中、恒常的に続けられること、子どもの幸せのためにできることは何でしょうか。

金森：私にとっては、初めてのテレビではありませんでした。その前には、五年生、六年生、一一歳、一二歳の子どもたちを追った番組もありました。これは、二年間撮り続けられたものです。『涙と笑いのハッピークラス』は、一年間です。このような経験はたびたびあるのです。

学び続けていれば、生きた言葉が、自分の言葉が体から溢《あふ》れて出る。それこそがものすごい大きな成長。今の日本では、日本語で美しく正しく相手に伝わるように言えるかどうかということが、とても重要になっています。だから小学校四年生、一〇歳なのに、一一歳なのにあれだけ言えるのはどうしてか、とすごく大きな話題になったわけです。

問15

女性：新しく先生になった人へのアドバイスをお願いします。

金森：子どもをよく見てください。本当によく見てください。そして声をかけてください。そして聞いてください。少年、僕、ちょっとおいで、カモンカモン（とマイクを持った少年を呼ぶ）。（少年の肩に手を回しながら）この少年は先ほどから、ずっとここあそこと走り回って働き続け、そして柱の陰で皆さんをじっと見ています。彼がこうやると（口にマイクを差し出すと）、誰も大人は自分でマイクを持ちません。子どもに持たせたままです。そして自分が言う、彼がこうしてくれますね（マイクを差し出しているそぶり）、で終わったら（肩を叩きながら）サンキューと声をかけていません。相手が子どもだと思っているからではないですか？

新しく先生になった人は何ができますか、どうすればいいですかと言いましたね。例えば、教室の中の少年と同じように、僕は彼をじっと見ていました。皆さんの声を聞きながら、顔を見ながらも、彼をよく見ていました。彼はあっちに走り、こっちに走り、よく動いていました。

私がこの少年だとします。彼を質問者だとします。少年は皆さんにこうやってマイクを向けました。でも、どなたもそのマイクを少年から受け取って自らの手で持って話しません。彼に持たせたままです。

少年：そういう風に指導されました。

金森：それはそれでいいとしましょう。終わった後、少年にサンキュー、と小さなお礼のサインがもっとあってもいいんじゃないですか。（会場から大拍手）

私の教育は、今のやり取りに尽きるわけです。（彼の肩を抱きながら）サンキュー。私の手を子どもたちはよく分かっています。子どもたちは、ありがとうって先生が言ってくれる時、そして自分が辛いと言って震えている時、この手がすごく温かいんだと言ってくれます。

大人が努力を見せることが、子どもへの最高のプレゼント

問16

女性：（少年からマイクを受け取り）ここには教師だけでなく親もいます。親たちが先生の考えを普及させるためには明日から何をすればいいですか。アドバイスはありますか。

金森：やれることはいっぱいあります。小さな小さなことを、大事に大事に続けて行くことです。今言ったように、子どもに声をかける、聴く、手でねぎらう、激励する、癒してあげる、共感することです。子どもと一緒に見て、好奇心を持って会話をすることです。すると、子どもたちはたくさんの味方、支援者を得て成長していくことができます。私はそう思っています。

問17

男性：（ありがとうと少年に言って）子どもの幸せに影響することはたくさんあります。学校としては明日から、どこから始めればいいでしょうか。

金森：子どもと一緒になってよく遊ぶこと。それが今、とても大人たちから抜けている。子どもたちは兄弟姉妹が少なくなったために、お互いにボディー・コミュニケーション、体を触れ合って遊ぶことがなくなりました。まずは遊ぶことです。

（質問者を壇上に乗せて足ジャンケンをする）先ほど彼が質問をしました。私が答えました。でも、中々仲良くなれません、近づけません。でも、足ジャンケンをすると、すぐ仲良くなれます（と手を質問者に回す）。（会場から拍手）学校でできることの二つ目は、いろいろな不思議、好奇心を聴くことです。仲間に伝えたい喜びを聴くことです。今日、学校であなたは子どもたちに出会いましたね？　どんな喜びがありましたか？

男性：教師ではないので学校には行っていません。

金森：では、おうちで。

男性：今日から学校が始まり、子どもが行きました。六歳の子どもが今日初めて学校に行ったのです（辻注・オランダは九月から新年度が始まり、講演当日が始業日だった）。

金森：それだけで嬉しい？

男性：とても嬉しいです。

金森：お父さんって嬉しいでしょ？　それだけでいいんです。子どもの顔、元気な様子、それが親に贈られたお手紙です。そのお手紙を、学校、教師は子どもからもらう。そして、親は学校から子どもがいっぱい持ってきたお手紙をもらう。そのお手紙は書いたお手紙ではありません。子どもが体に持ってきたお手紙です。

六六歳が全身を込めて分かってほしいといろいろさっきから努力をしています。大人がこ

の努力を見せること、それが子どもへの最高のプレゼントです。（会場大喝采《かっさい》）

司会者：以上が用意されていた質問ですが、その他に何か質問があればどうぞ。

問18

女性：ＡＤＨＤや多動な子どもが教室にいて、よく話したがることへの対処法は？（質問者は教師ではなくボランティアとして教室に入っている）一般的な話として。

金森：日本も同じです。何人もおります。障がいがなくても、話をすごくしたい子、口数が少ない子がいます。今の教室で最も問題なのは、子どもの話をゆっくり聞ける人が少なくなっているということです。だから私の仲間には、忙しくないふりをすることを大切にしていると言う人がいます。そうすると、子どもはどんどん話しかけてくる、と言うのです。

教師が最も成長するのは、子どもから様々な困難を突き付けられた時です。例えば話をしたいけど自分は一人だという場合、子どもの友だち同士が話をし、聞きあえるという関係を強めること。子どもの話を聞くのはとても難しいものです。そうしたことを、担任一人が背負い込むのではなく、教室にボランティアで様々な人たちが関わる状況を作り出すこと。学校の中にいる校長はじめ、手の空《す》いた人に応援を頼むこと。私の場合、子どもたちにはできるだけ書く機会を与え、書いてもらっています。手紙ノートがそのひとつです。
ラストにもう一つ。子どもたちに言いたいことがいっぱいある場合、そして逆に言いたいことが言えない場合は、子どもたちが大きな夜空を見て星を見たり、お月様を見たり、葉っぱが色づいていくのを見たり、土をいじくり、流れる雲を眺めるといった、自然と一緒になってゆったりすることが大切です。それが、子どもたちに十分なゆとりを与えます。和みます、静まります。それが今ないために、ストレスがやたらに大きくなって興奮してしまうことになります。（会場拍手）

司会者：あと二つくらい質問どうですか。

少年：僕も質問があります。（マイク係の少年自ら発言。会場にどよめき）

司会者：誰かがマイクを持ってあげるから、質問してください。

問19

少年：僕の担任教師もここに来ていますが、これからの新年度がよい一年になるには、自分には何ができますか。（会場大喝采）

金森：何ができるかではなく、もうあなたはやっているではないですか。「担任の先生も来ているよ」とあなたは自らの口で言ってくれました。担任が「ボクの教え子よ」とは言わずに、あなたが「ボクの担任だ」と。そして、あなたは「教室はボクと友達と先生との居場所だ」と、先ほどから学んだことを教室で話せばいいのです。「昨日、ボクはオランダと日本の橋渡しをしちゃった」とね。そんな風に語り、働きかけていけばＯＫ。（会場大喝采）

問20

女性：気になるのは、話せない子どもたちです。家で色々あって手紙ノートを書けない子もいます。そういう場合はどうしたらいいでしょうか。

金森：書けない子に書きなさいと言えば、ますます追い詰めていくことになります。

私は、山登りがとても好きです。仲間や子どもたちと登ると、苦労しながらも素晴らしい景色に感動し、それを共有することができます。山登りは向き合わない世界、緊張しない世界です。（壇上を降りて質問者の元へ向き合う）これは警察的対話、取締的対話文化ということになります。ジィッと見つめられると話しづらくなります。それに対して（横に並んで）これを恋人的対話文化と言います。「月がきれいだね」「夕日が真っ赤だあ」などと語り合います。まず、話しやすい横並びの関係性と場を作ることが大事です。（拍手喝采）

私が子どもと登山するのに対し、妻は台所で子どもたちと一緒に食事を作ります。これも横並びです。子どもたちが言いにくいことも、台所で働いている時だと、妻は表情を読み取れないので子どもは言いやすくなります。

『涙と笑いのハッピークラス』の時も、とてもしゃべれない子がいましたが、自然の中で遊びに熱中すると、子どもたち相互の関係性は自然にできます。一番大事なのは言葉でなくてボディー・コミュニケーションです。それが基本にあると思っています。

学校のすぐ近くには山があります。一二月冬の初めに土を掘ると、春に芽を出すフキノトウが芽を出していました。春を準備するその植物たちを見ていると、『とても癒されます、自然体になれます』と言った子がいました。黙々と、着実に頑張っている動物や植物を見ることで心が癒される。そのようにちゃんと思っているんです、子どもたちは。そこを見てあげてほしいと思います。

オランダの人はきっと僕の言う事を分かってくれるに違いない、という信頼と安心感を込めてやってきました。僕がそのマイクの少年の行為を読み解いたように、行為を読み解いてくれれば、しゃべらない子も次はひとつでもしゃべりやすくなると思うんです。どうか、もっと子どもの姿、生き方が醸し出す言葉を聞き取ってあげてください。

（通訳者インゲボルグ氏へ付け足しの説明：体で、体が表している声、息吹を読み取ってあげてほしい。体が言葉を発しているので）

人間は言葉ですべてを伝えているわけではありませんね。皆さんは、今私をよく見ています。聴いているな、と私には伝わってきます。よく見えます。でも、私たちはともすると子どもをよく見ていない。姿を見ていない。表情を見ていない。私たちがお互いに表情を見ることを、身振りやそぶりに手の動きも含めて、全身から出てくる言葉を聞き取る努力をすれば、子どもたちはもっと表現豊かになってくると思います。サンキュー！（大喝采、スタンディングオベーション）

本当にありがとうございます。六六歳になりました。人生ラストの方で、また話し合うことができて、皆さんが花を開かせてくれて、とても嬉しく思っています。皆さんの人生も、長生きすればするだけ、きっとハッピーになります。たくさんのハッピーがあるはず、いえあります。はい、一緒にハッピーに！（講演終了）

三つの質問

以上、オランダで行われた講演の一つを再現してみました。どの会場でも、聴衆は熱心に金森の発する言葉や、舞台での身振り手振りを集中して受け止めていました。通訳を介してのやりとりも、間延びしている感じは一切しません。会場が一体になっている印象を受けました。

講演はどこでも熱烈大歓迎でした。心の底から金森の訪問を楽しみにしてくれていたことを強く感じました。会場の人たちからは、話を聞きたい、吸収したいという熱意が伝わってきましたし、講演の合間には参加者同士で熱心に語り合っていました。終了後に満足そうな顔をされた方も多く、オランダ語に翻訳された著書『いのちの教科書』(角川文庫、二〇〇七年）にサインを求めてきました。オランダ各地から「オランダの金森たち（Dutch Kan-amoris)」と呼ばれた教師たちも集められ、交流の時も持たれました。それだけ、金森教育実践がオランダで大きな反響を呼んでいたということです。

改めてここで、具体的にオランダの聴衆から出た質問の内容を分類し、彼らの抱いている危機感や抱えている問題、それに対する金森の答えについて振り返り、考えたいと思います。出された質問は、大きく分けて三つの質問に分類できます。

第一に、金森思想の源泉について、その教育哲学はどこから学んだのか。第二に、現状の教育にどう対応するか、オランダ教育の印象はどうか。第三に、金森実践そのもの及びその実践を支えた考えについて、あるいはどうしたら金森のようになれるか、です。それぞれの質問内容に対する他の講演での回答も紹介しながら、検討してみます。

金森の哲学的源泉について

とてもよく訊《き》かれた質問の一つに、金森の教育哲学の源泉は何か、つまり金森はどうやって自身の教育論を培っていったのかがありました。金森のような教育思想がどうやって生まれたのか、そのような考えを生み出した環境への関心が高かったということです。オランダ人から見ても、金森の教育実践は新鮮でユニークに映ったようです。

金森本人が第四章で、この点について詳しく述べているため、ここでは簡単に触れておく程度にします。ヘンゲロ講演の問1で、金森は自らの少年時代の経験から学んだことが基盤となっていると答えています。別の講演では、ヨーロッパでの講演であることも意識して、こう述べています。

「私の教育の源流のひとつはルソー、ペスタロッチーを代表とするヨーロッパの教育です。我々の暮らし、物を作る暮らし、我々が様々な人と手を繋《つな》いで共同する暮らし。この暮らしこそが人間を変える、陶冶《とうや》（教育）するというのがルソー、ペスタロッチーの思想です。子どもの内にある、人間としての自然と外にある自然。この両方を大事にすること。言葉を変えれば、子どもは自ら学ぶ力を強く持っているのだ。これがルソー、ペスタロッチーを大学時代から哲学的に学んできた私の理論の一つです。

日本には自分たちがお金を出し、時間を見つけ、仲間をつくって勉強する民間レベルの研究会が五〇ほどあります。そのうちのひとつ、日本生活教育連盟に、私は小学校教員時代の三八年間、プラス退職後に大学へ来てからの六年間、ずっと所属しています。だから、私は一人ではありません。確かに私のように、様々な特徴を持ったものを総合的に組み合わせ、大がかりに教育実践を展開している教師が少ないことは間違いありません。でも、そういう教育を目指している仲間は大勢います」（九月四日、アイントホーフェン第一回講演）

「もう一つは、ドイツだとナチス、日本だと天皇制の統制が強く、戦争に突き進んだ時代の中でも、子どもたちをとても大事にした教育を作っていった人たちがいました。その人たちの切り開いた教育を、私は学生時代の四年間にしっかり学ぶことができました。子どもと正面から向き合い、子どもから学ぶ、子どもと共に作るということを一番大事にしました。そうするからこそ、子どもが成長する。今の、そしてこれからの子どもたちに必要なものを一番大事にしようと思い、取り組んできました」（同日、アイントホーフェン第二回講演）

ここで金森は、自身の源流の一つとしてルソーとペスタロッチーの名前を挙げていますが、より深く影響を与えているものとして、大学生の時の学び、更には主体的に参加していた民間教育団体での学びを述べています。特に日本教育実践史に刻まれた教師たちの実践記録を深く大学で学んだことが、自分の実践の大きな土台になったと金森は回顧しています。過去の教育実践については、第五章で改めて考えてみます。

圧力を包み込め！

講演会場では、近年強まりを見せている「学力向上」を至上とする教育への意見が、数多く出されました。

ヘンゲロ講演でも問5、問6で質問されています。その問いに金森は「子どもと作り上げた」学びが保護者や同僚に感動されれば、共感してもらえる。また、共に学び合う学級では学力も高くなる、と説明しています。では、感動される学びとはどのようなものか。第二章にも出てきた「手紙ノート」によって、子ども同士の内なる声が響き合い、共につながり成長していく様子はまさにそうです。それ以外にも、別の講演で次のように金森は語っています。内側に根ざした学びは、学力と同時に人間性も成長させます。

問：学力向上という結果が求められる、成績がよいことだけが教育の目標になってしまっている現状について、どう考えますか。

金森：日本は、とてもそうなっています。子どもはよい成績を獲得し、よい学校へ入って、よい会社に入ることを期待され、すごく大きなプレッシャーを受けています。多くの子どもが悲鳴を上げています。だから、豊かな経験、間違いも含んだ豊かな経験をいっぱいさせながら、どう生きるかという知を（学びの中に）入れていかないといけません。今は成績が先になっていて、どう生きるかという知が後になってしまっています。

ただ、成績と、もの・こと・人との関係性を豊かにつなぐことを対立的にとらえる必要はありません。例えば、オランダと日本の関係でいえば、世界の文明はとても進んでいるぞ、と教えてくれたのはオランダです。オランダはじめ、世界から必死に学んだ人たちが学問を進めました。そして彼らはインド、中国を植民地化して日本に迫ってくる列強と、それに対する日本のあり方に危機意識を持ち、一八六八年の明治維新を生み出す一つの原動力へとなります。これは、テストの成績で言えばオランダ、出島、蘭学《らんがく》、明治維新などという単語を暗記すればいいだけです。しかし、それでは世界と仲良くなって生きていく力は育っていきません。本当の成績、本当の力は、もの・こと・人との関係性が裏打ちされてこそのものです。

学問は、人と人とが幸せになるために創ってきたものです。だから、学問を深く学んでいけば、人やものとの関係性や奥行きを豊かに見ることができる。ですから、死の教育・性の教育も関係性の教育も、自分にはできないというのは、深い学びを追求しない言い訳にしているだけだと（失礼だけど）思っています。

日本の子どもは、世界の中でも韓国と並んで学力、成績をあげよと過酷な要求を突きつけられていると思っています。本来、賢く生きることはとても大事なことです。福島で原発事故が起きました。広島、長崎、チェルノブイリと、原子力・放射能の恐ろしさは歴史的に証明されていたのに、私たちはきちんと学ぶことをしてきませんでした。だから、学ぶこと、世界を知ることは大事なことです。

国が学力を向上させろということは、簡単単純に否定はできないから、私はそれを包み込め！　と言っています。それを包み込み、越える力を付けること、豊かな力を付けることを考えています。競争のための成績アップではなく、より仲間と共に幸せに共同して生きるという知、賢さ、だまされない力です。この国が災害に遭うことなく、多くの失業者を出さずに賢く生きるためにも、大事なことだと思っています。（九月三日、アルメロ講演）

学力向上の要求がきつくなるのは好ましくない。しかし、学力として求められるものと人間性を育てる教育（ここでは「もの・こと・人との関係性」と述べています）は対立しない、という金森の考えも述べられています。試験のための勉強では単語を暗記するのみで終わってしまいますが、物事の奥行きや、人とものとの関係性に気づくような学びへと作り替えていくことで、子どもの中に「世界と仲良くなって生きていく力」「賢く生きる」力が育っていくと述べています。「真実を見抜く目」を育てる、という意味でもあるでしょう。

テキストで教え込むか、現場に行って手に取り学ぶか

また、別の講演では講演の始まる直前に付近の森に出かけ、そこで木の実や種を拾って聴衆の前で即席の授業も行いました。

先ほど、森に行きました。まっすぐな道の先、大きな大きな木があるところに広い空間がありました。そこ一面にこの花（と実物を見せて回る、聴衆から反応あり）が咲いていました。ワォー、素敵だな、と思いました。そして、誰のために咲いているのかを考えました。

花は動けません。小さな虫がおそらくその蜜《みつ》を吸いに来るでしょう。付けた種を、蟻が地下にまで持って行く。山火事が起きた時、その蟻が運んだ小さな種は、やがて芽を吹くと言われています。（別の枝を見せながら）小さな小さな実を付けたものも横にありました。これをついばむのはおそらく小鳥たちです。食べてもらって中の種を遠くに飛ばしてもらうために、この大きさは小鳥のくちばしの大きさと同じになっています。（次に丸まった葉を見せて）葉っぱをくるくる丸めています。中に間違いなく卵が入っているはずです。赤ちゃんを守るために、親はこうやって（手で葉を丸める仕草）、ここに卵を産みました。やがて小さな幼虫がこの葉っぱを食べながら大きくなります。また、葉っぱは敵から身を守ってくれます。（中略）いのちをつなぐために、今森では様々な花や実を付けています。

それをテキストで教え込むか、現場に行って手に取り確かに学ぶか、ここが大きな分かれ際です。オランダに来て、一五分間の僅《わず》かな時間に私は見つけてきました。時間がないとは言わせません。（爆笑と拍手）大事な教育をする時に、人間、実物、もの、他の生き物と対面する、向き合う教育はとても大事だと思っています。それは苦労だけではありません。実際そうするとワォー、と感動が生まれます。そういう苦労をしないと、子どもと共に感動のある学びはできません。（九月五日、ドリーベルゲン講演）

オランダ教育の印象を尋ねられることも多かったです。ヘンゲロ講演では、問4にそのような質問と回答が交わされました。日本と比べれば、まだまだ自由でリラックスした雰囲気があると金森は答えていますが、同行した私もそう感じました。

また、オランダの方々の持つ、身体感覚の柔軟さも至る所で感じました。会場の人々の様子は先ほども書きましたが、金森の講演に対して身を乗り出し、まるで直接言葉が通じているかのように聞き入っていたり、金森の投げかけた問いかけに積極的に反応したりする様子は、とても印象的でした。同じ問いかけを日本でしても、オランダのような生き生きした反応はすぐには返ってこないでしょう。

そのような解放された身体性は大人だけではなく、子どもたちにも感じられました。なにより、ヘンゲロ講演でマイク係の少年自らが質問するという場面（問19）は、見ていて本当に驚きましたし、別の日にある中等学校（College はオランダでは、日本の中高一貫校のような学校を指す）で授業をした際も、とても感動的な場面が突然起こりました。

九月一一日、ロッテルダムにあるコメニウス中等学校で、金森は「右」「左」「友」という漢字の意味を象形文字から考え（どの漢字も「手」を意味する形から派生している）、誰かの「手」で支えてもらった経験がみんなにあるかどうかを尋ねました。すると、一人の少年が、前年に難病治療のため長期入院している時にクラスの仲間たちが自分を励ましてくれた、と涙ながらに語ったのでした。しかも、みんなの前でそのことを語ったのは初めてだというのです。金森の話に刺激され、心を開いたその少年の柔軟な身体性には、目を見張るものがありました。日本の場合、このように教室で語られた話から子どもが自分史と向き合い、自らのドラマを集団の前で語ることは難しいものです。オランダの少年がすぐに語ることができた点は注目に値します。

ヘンゲロ講演では、様々な発達段階や性格のある子どもたちへの質問が出ています（問18、20）。オランダでも日本でも、抱える問題は共通しています。様々な子どもがいる中だからこそ、金森はゆっくり話を聞くこと、自然と一緒になってゆっくりすること、横並びの関係を大切にすること、言葉にならない思いをくみ取る努力をすることをあげ、大人の対応を励ましています。

「とことん聞いてあげること。これは子どもの好奇心を強めますし、子どもの悩み悲しみに共感できるようになります（中略）人間ってやっぱり素敵だな、信頼できるなということに気づ」（問9）けていけるのです。

「聴く」ことを大事にしてほしい

金森のような教育を現場で実践するにはどうすればいいのか、という質問は多数寄せられました。金森教育論の最も基本的な考えは、子どもの気持ちを何より信じ、大事にすることでしょう。そして、大人も子どもと一緒に学ぶ、楽しむことに根ざしています。「全身から出てくる言葉を聞き取る努力」を大人がすること（問20）。そうすれば「生きた言葉が、自分の言葉が体から溢れて出」（問14）てきます。大人は、「子どもの素晴らしい日常的なドラマを知って欲しい」（問13）とも述べています。大人は子どもの「キャッチャーであれ」と金森自身、よく自著で述べています（『希望の教室』、角川書店、二〇〇五年、七頁など）。また、「たくさんの子どもたち、その子どもに関わったたくさんの先生たち、親たちが私にうんと詰まっています」（問11）とも語っているように、人は他者とのつながりによって生き、成長していくものです。そのことを金森はよく講演などで「人を心に住まわせる」と語っています。これも、金森教育の中心的な思想でしょう。

受け止めてくれる大人や仲間がいると、子どもは自分を開いていきます。自分から動き出す学びになれば、「自分の内と外に希望を見出せる力」を身につけていきますし、学問は「面白い、魅力ある」（問8）、と気づいていけます。子どもと共に歩むこと、思いをくみ取るために子どもをよく見ること、そして関わろうとすること（問15）。これこそが、大人のすべきことだと金森は訴えているのです。

別の場面でのやりとりも紹介します。子どもを信頼している金森の考えがよく表れている回答です。

問：どうしたら金森先生のような先生になれますか？

金森：まったく同じにはなれません。でも、子どもたちと共に幸せを求め、生きる知恵をうんと育《はぐく》む教師には、誰もがなれる可能性を持っています。私は、とても子どもから学び取ることができる六六歳です。このしなやかな身体性は、子どもからのプレゼントです。同じようにとても強い好奇心も子どもからのプレゼント。子どもと一緒に歩み、学んでいけば、金森のようになれるはずです。（九月三日、アルメロ講演）

問：金森先生の考え方でやろうと思えば、この教師たちは明日からどのようにそれを教室で取り入れられるでしょうか。何かアドバイスはありますか。

金森：明日から是非、大事に続けて欲しいことがあります。それを家庭で意識的、自覚的にやり続けることはとても難しいです。しかしプロフェッショナルならば、毎日五分間でも大事にしたいことをやり続ければ、約一年、つまり二〇〇日くらいは子どもと一緒に何か大切なことを積み上げていくことができるのです。継続！　これが学校の持つ可能性です。その時、教師だけが大事にやり続けるのではなく、子どもたちの力がつなぎ合っていけば、その力は五倍、一〇倍にもなっていくと思います。

では、何をやり続けていけばいいのでしょうか。子どもたちは家、町、地域から教師と仲間に伝えたい手紙、つまりお願い、好奇心、悲しみ、喜びを持って学校に来ていると思います。ひとつは、それを聞き取れる、読み解ける場と力を教師と子どもが大事にして欲しいのです。「聴く」ということは、ポーズ、表情、話し方のすべてを受け止めることだと思っています。

もうひとつは、子どもたちが教室や学校から家に帰る時に、学びや教師・子どもたちとのドラマを持ち帰るか、持たせる。それを大きくすることに、いつでも気をつけて欲しいのです。大事な素敵な学びを身につけたならば、子どもたちはいっぱい言いたいことが溜まります。でも、世界の大人たちは忙しくなった、とりわけ日本の大人たちはね。だから、「聴く」ことを大事にして欲しいのです。受け止めて欲しいのです。（九月三日、アルメロ講演）

オランダの新聞の反応

最後に、講演や授業が現地の市民にどう受け止められたか、オランダの新聞記事を紹介したいと思います。

次に紹介する記事は、二〇一二年九月七日にアムステルフェーン中等学校で行われた生徒

授業で子どもたちと学ぶ

向け授業の内容と、生徒の反応をとてもよく記録しています。記事を掲載した Het Parool《エト・パロール》紙は首都アムステルダムを中心に発行されている新聞です。同新聞の二〇一二年九月一一日火曜日付にて、金森の授業が一頁全面を使って紹介されました。

見出しは「心で学ばなければならない」。小見出しには、「教育に携わる多くの人にとって偉大なモデルとされている日本の教育者、金森俊朗先生が先週アムステルフェーンにお見えになりました」「著名な日本の教育者、金森俊朗先生が先週金曜日、アムステルフェーン中等学校にて授業を行いました」と書かれています。続く本文を以下に引用します。翻訳はマコ・武田・ファンデルハムさんにお願いしました。

HAVOコース（五年制中等教育コース）の

子どもたちに日本語でメッセージを書く

三年生、カリエン・スヌーイスさんは、数人の友人と一緒に金森先生の授業を受け、こう話してくれました。「金森先生の授業のそばでは、まるで何でも話せるような気がしました。先生は、とてもオープンで、自らのことも話してくれました。普通の授業ではそんなことはありません。普通は、私はばかみたいなリアクションを受けるのが怖くて、自分の気持ちなんかは言えないことが多いんです」

金森先生は、自らの教授法を教育関係者に伝えるため、過密スケジュールでオランダに滞在しており、今回のアムステルフェーン中等学校での講演はその一環でした。

金森先生の教授法は、二〇〇三年、一年間の撮影期間の後に製作されたドキュメンタリー『涙と笑いのハッピークラス（Children Full of Life)』によって広く知られるようになりました。金森先生は、いのちの大切さを伝えることを自らの使命だと考えています。また、金森先生は、子どもたちに自分の気持ちなどを書いた手紙などを持ち寄らせ、学校の外での経験や、それらに関する彼らの感情を表現するように促します。最初は自らの殻にこもりがちだった子ども達も、だんだんと自らを表現できるようになり、徐々にお互いのことを思いやれるようになるのです。

このドキュメンタリー番組によって、オランダにも多くの金森ファンができました。

アムステルフェーン中等学校において、金森先生は、思春期の青年らで満席の二つのクラスに対して授業を行いました。金森先生は友情、そしてお互いを思いやることの大切さについて語ってくださいました。先生は、まず、漢字の「友」という字は「右」という字と「左」という字が一緒になってできているのだ、という説明から始めました。そして、この「右」という字と「左」という字は、それぞれ右手と左手のかたちから生まれたのだという話をなさったのです。子ども達はすっかり先生の話に聞き惚《ほ》れていました。「手が、一体どんなことをできるのか考えてみてください」と、金森先生は、生徒たちに続けました。

金森先生が生徒たちに手の可能性について問うている間も、先生の身ぶりや表情は変化し続けています。授業を、身体全体で行っているのです。彼は、黒板に絵をかき、待ち、笑い、そして顔をしかめます。生徒たちが実例をあげて答えました。金森先生は満足したようにうなずきました。「そうですね。手は、人を慰めたり、音楽を奏でたり、ご飯を食べたり、手を振ったり、本当にいろいろなことができますね。そして、書くことで、手は心にあることを伝えることもできます」

続いて金森先生は、笑っている赤ちゃんの写真を見せました。赤ちゃんの顔は、喜びに満ち満ちています。なぜ、この赤ちゃんはこんなにも幸せなのでしょう？　そして、二枚目の写真を取り出しました。なぜなら、この赤ちゃんは誰かの二本の手で抱きかかえられていて、自らの手もその人に向かって差し出しているからです。

次に、金森先生は生徒たちに、家族や友人の手が彼らにとってどういう意味を持っているか、を聞きました。「しっかり考えてくださいね。何も思い浮かばないということは、あなた達がこれまで一人で大きくなってきたということになってしまいますよ」

長い黒髪の少女が前に出て、自分の父親の死について話しました。彼女のお父さんが亡くなった時、彼女の手を取り、慰めてくれたのはお母さんの手でした。その後に、一人の少年が続きました。金森先生は、話をする二人の肩に手を置いて聞いていました。少年は、金森先生より頭一つ分は背が高かったので、クラス中に笑いが巻き起こりました。（後略）

第四章　生活綴方・生活教育が金森実践をつくった

――金森学級の源泉

生活綴方教育・生活教育との出会い

第二章で金森実践の具体像を、第三章ではそれがオランダでどのように評価されたのかを見てきました。金森実践が特別難しい教育理論や教育思想を前面に押し立てるものではなく、子どもの声を聴くキャッチャーとして子どもに学び、子どもと共につくりあげる、人間・金森としての教育実践であることがより一層鮮明になったと思います。従って、それは、多くの教師や保護者、市民も学校や家庭、学童保育、児童館などで追求可能、実現可能な教育であることが分かったのではないかと思います。

この章では、私はなぜ生活綴方《つづりかた》教育、生活教育に惹《ひ》かれるようになったのか。また、その両者の教育思想や方法が私の人格形成史とどのように結合していったのか。そしてなぜ「金森実践」と呼ばれ、評価されるように探求し続けたのか。その原点を私なりに探ってみたいと思います。一少年の人格やもの・ひとに対する技を深めた物語と、一青年の将来を決めた生活綴方教育・生活教育との出会いの物語です。

ここでの私を「ボク」と表現します。

ボクの少年時代

一九四六（昭和二一）年に、ボクは能登《のと》半島のつけ根の村にある、一町歩（1ha）そこそこの田を中心に、りんご栽培、牛・豚・アヒル・鶏の飼育など、稲作・果樹栽培・畜産を行う複合経営農家の次男として生まれました。

わが家の子どもたちは働き者でした。兄は高校生、姉は中学生、ボクと弟は小学生か中学生頃が子ども総出の時代だったでしょう。暇さえあれば豆剣士になり、徒党を組んでのチャンバラごっこやエスケン、陣取り、下駄隠しなどに夢中であったボクも、農繁期になると遊びに熱中できませんでした。学校から帰って玄関に入ると、コンクリートにチョークで書かれた父の「職務命令」が待っていました。例えば、「沖田の一番右側の田にいる」と。「今日は長ぐつはかなきゃあだめだし、ごぼる（はまる）し、いやだなあ」ととっさに思います。「沖」とは「海の沖」を意味し、かつて海を干拓して水田化したところで、水はけが悪く湿田だからです。

稲を肩にかつがなければならないから、はしかく（かゆく）なるので首に手ぬぐいを巻き、えりを立てて田まで歩いていきます。「おかえり」「あっちのはさ（木や竹を組んで稲を乾燥させる大がかりな仕掛け）まで運んでくれ」と父や母は、仕事の手を休めず指示をとばします。父と母が稲株をすばやく刈り、下に置きます。もう一回同じことをくり返し、その二組を合わせて一把を作ります。四、五本の稲わらをサッとまきつけ、交叉《こうさ》させてクルクルと捻《ねじ》ってさしこむ。腰をかがめて刈り取る重労働の連続のなかで、そのときだけが腰をのばせるチャンスでもあるのです。子どもの目から見ると、父母の早技は実にみごとなものでした。そうして作られた稲たばをかつぎ、稲はさまで何回でも運ぶのが第一段階の仕事です。

まず一本の縄を横に敷きます。次に父母が刈り、束ねた稲を並べて自分の力にあった量だけ置くのです。どれだけ置くかが少年のボクには重要でした。置きすぎると肩まで持ちあがりません。持ちあがっても、はさまで遠いと肩で支えきれなくなってしまうからです。だからかならず数をかぞえて稲たばを置きます。

このとき、天候が大きく左右します。晴天続きだと稲はすでに乾燥し、軽い。だが、前日雨が降るとたいへんに重く、勢いよくかつぎあげた瞬間、稲たばが含んでいた水がバシャと音をたてておしりにあたります。沖田の場合は、田がぬかるんでいるため、長ぐつを縄でしばっておかないとはまりこんで抜けてしまいます。

現在、「天日干し」のお米と重宝されていますが、当時はそれが普通で、道路の両側に、長いまっすぐな丸太を組み合わせた八段もの高い稲はさが農道やあぜ道にずらりと並んでいました。そこまで運ぶだけでも大変な重労働でした。

この仕事は、早朝から刈り取った稲を全部稲はさまで運び、第二段階の仕事である稲はさに稲をかけきるまで続きました。後に一輪車が登場したとき、ボクらにとってそれはまさに革命的でした。それほど労働軽減を可能にした道具だったのです。

高校で柔道部のキャプテンをやっていた兄は、四人兄弟姉妹の中で、農家の長男として最も頼りがいある働き手でした。ボクの倍以上の稲を軽々とかつぎあげ、運ぶのです。中学生の姉に続いて、高校生の兄がくると仕事がはかどり、とても嬉《うれ》しかったものでした。

疲れるとあぜ道に腰をおろし、稲わらの大きな束に寄りかかって麦茶でのどをうるおし、柿をかじりながら秋空を仰ぎます。澄みきった青空に浮かぶちぎれ雲を美しいと思うより、早く仕事から解放されたい、働かなくていい雲はうらやましいと思っていました。

運び終わると、第二段階の仕事、運んだ稲をはさにかけるのです。道に立ったままで下三段をかけ終えるといよいよ上段に兄が上がり、足をかけ両手を離します。ボクは一把ずつ取って兄の手元をめがけて投げ上げます。月明かりで仕事を続けることは、しばしばでした。「お月さんって案外明るいものだな」とつくづく思ったのもこの仕事を通してでした。

辛《つら》くて本当にいやな仕事でしたが、今から思う

小学校三年生（1955 年）の著者

と、ささやかな喜びもあったことに気づきます。肩にかつげる量が年々ふえていくのです。やがて、はさの下から投げていたボクが上にのぼれるようにもなって、投げる役は弟に替わりました。「一人前」になっていくのを体と家族の役割分担で実感していったのです。

さらに、他者から「一人前」として認められる機会も多くなります。

「あらあ〜、かたいねえ。あんちゃんかいね、おっさまかいね。もういいかげんにあがらんかいねえ」

通り過ぎる人がそう声をかけます。〝感心なものだね。長男ですか、次男ですか。もう仕事をきりあげませんか〟という意味です。気はずかしいし、嬉しくもある複雑な思いで、「おじのほうです。ごくろうさん」と言おうとするのですが、なかなか大声になって出てきてくれないのです。はっきり声が出るようになったのは、ずうっとあとのことでした。

「人生史を掘る」

複合経営農家の手伝いはとにかく多かった。鶏二〇〇羽あまりを飼育していたときは、卵を産んだ鶏のケージにチョークで印を入れ、卵を集め、慎重に運びます。印を付けるのは、卵を産まない鶏を売り払ったり、家で食べたりするためです。屠畜《とちく》解体料理の腕前は親父の自慢でした。小さい頃から見慣れていたので「かわいそう」などとは思いませんでした。

えさに混ぜる牡蠣《かき》の殻を細かく砕き、水やえさをやるのは毎日欠かすことができない仕事でした。最も重労働だったのは、牛や鶏の糞《ふん》を中心に作られた堆肥を桶《おけ》に入れ、担ぎ、果樹園と畑がある山へ登ることでした。背中にしょいこ（背負子）を当てているとは言え、ずっしりと肩に食い込むような重さと、堆肥の強烈な匂いに耐えながらの仕事でした。

そこで学んだ最大のものは、稲やりんご、鶏や牛といった生き物の誕生と死を典型とする、互いのすさまじい生きることへの悪戦苦闘でしょう。家族総出で立ち会った牛の誕生や鶏の屠畜解体料理はその典型でした。飼育していた乳牛が売られるとき、トラックに乗るのをいやがって動こうとしない牛の姿と、懸命に押したり引っ張ったりする父達の必死の形相、そして「牛も殺されると分かってる、なんとかわいいや！」という母の言葉が未だに思い浮かぶのです。

二〇〇二年度に担任した四年生の子どもたちと保護者と共に、鶏の屠畜解体料理をしました。日本の小学校において、鶏の屠畜解体料理の学びを見事に成功させた唯一の事例だと評価された根源的な力は、この少年時代に育《はぐく》まれたと思っています。

学んだ第二のものは、労働に耐え、やり遂げる力だけではありません。そこに生まれる苦しみや喜び、家族協働の力への実感、貧困に対する悔しさと脱出への憧《あこが》れなど。先の最大のものと合わさって「運命の打撃に耐え、富も貧困も意にかいせず、必要とあればアイスランドの氷のなかでも、マルタ島のやけつく岩のうえでも生活する」（ルソー『エミール』（上）岩波文庫、二〇〇七年改版、四〇頁）ことができるような私の一生を貫く人格の芯《しん》を育んだにちがいない――自分で言うのも気はずかしいが――と思っています。

学んだ第三のものは、労働と生きることを支え、豊かにする確かな技術です。父は働くことその技術、書を読むことや話すことを中心とする勉強に、とても厳しい人でした。「頭を使え。しっかり見ておれ、見て体で覚えろ。相手と道具を見極め、端から丁寧にしろ。雑な仕事だけはするな」が口癖でした。例えば牛の餌にする牧草を刈る仕事。砥石《といし》で鎌を研ぐことから仕込まれました。畑に石がないかを確認してから、鎌の持ち手を水で濡《ぬ》らして端を持ち、地表を滑らせるように右から左へすばやく振るようにして刈り続けます。刃物を使う時の足の置き方、刈り取った跡が一様にきれいになっていることなど、徹底的に教え込まれました。

最も苦労して獲得したのは「男縛り」というロープの技でした。先に述べたように、能登では稲を掛けて乾燥させるための「稲はさ」を作ります。いい加減な縛りでは稲の重みで丸太がずり下がったり、強風で倒れたりします。倒れると村で目立ち、笑われてしまいます。段組をしていくときは、重くて長い木材を足腰で浮かせながら押さえつけ、わら縄で男縛りに締めるのです。しっかり作れば、台風がきても大丈夫です。

そうした物の性質を見極めて、道具を対応させる技と頭の使い方を伝授されたからでしょう。私の生活教育実践を華やかに楽しく彩る「ボディー・コミュニケーション」「文化創造活動」には、多くの人が作れない、技術を駆使した巨大なもの、冒険的なものもありました。例えば、太くて長い孟宗竹《もうそうちく》四本をピラミッドのように組み立て、グランド横の坂に設置し、頂点からロープを垂らして下部に太鼓のバチを縛ります。巨大ターザンブランコです。

この後の少年時代の記述についても同様ですが、多くの人は「懐かしい思い出」として少年時代を語りますが、私は違います。「労働を中心とする実生活こそが、人間を陶冶《とうや》する（成長・発達させる）」という生活教育の思想は、私の少年時代の成長を突き詰めれば見事に納得できるものです。

これまでに書いてきたことは、大学生時代に学んだ生活教育の本質を観念、理論としてではなく、実感的に深く理解し、体現できる思想にするためにこそ思い起こした――私はそれを「人生史を掘る」と言っている――少年時代のエピソードなのです。そう、「体現できる思想」は、体で獲得している技術（応用可能な技術――遊びも含めて）に貫かれているのです。

生活、地域で経験したことを科学の目でとらえなおす

ボクらの少年時代は、夏休みともなると家事の手伝い以外、一日中川か山、神社・お寺の境内で遊んでいました。

ボクの家の前には日用川と呼ばれる川が流れています。能登半島が一番くびれて狭い七尾西湾と富来《とぎ》、巌門《がんもん》にはさまれた中央の山から流れる川で、川幅は三〇メートル弱でしょう。その川には農業用水を確保するための堰《せき》・水門があり、川水がみごとにせきとめられていまず。堰・水門と橋が合体し様々な高さを作りだしているので、そこは子どもの最高の遊び場、つまり自然のプールになっていたのです。

「海水パンツ」なんてシャレたものがあることさえ知らなかったのではなかろうか。村の店屋で売っている黒い三角布にヒモがついたミニふんどしを、ボクらは「黒猫」と呼んでいました。中学生たちは、たしか「六尺ふんどし」という長い白い布で上手にしめあげていました。堰・水門と橋を使って鬼ごっこや陣取り、魚の手づかみなどをするのが一番の楽しみ。堰《せ》き止められた下流部は浅く、満潮時になると海水が逆流してくるのであたたかく、泳ぎやすいのです。逆に上流部はそれにくらべ、雨水のためヒヤッと冷たく深い。

上流部の、水面から六メートルくらいある水門の最上部から飛び込みができないと、一人前の子どもと認められません。橋から下流部への飛び込みがその前段階です。高低の二つの飛び込み台と、冷温水の二つのプールをあわせ持つ最高の施設でした。

おまけに天然の「水族館」も持っているのです。泳いでいると「うわあ~、くすぐったい」、魚と体が接触します。満潮時に海水が逆流してくると、堰き止められた川下に住む川魚は、水門からあふれ落ちる水を求めて真っ黒になるほど集合してくるのです。だからボクらは手づかみで魚がとれました。魚をとりたければ、バケツいっぱいぐらい簡単にとれます。大きな半円のタモを使い、水門の板戸にふんばって立ち、腕をのばし、底からすくい上げればよいのです。主としてフナ、グズ、ライギョ、ときにはアユもいました。それらはせいぜいが家畜のえさでした。

水門から飛び込んだ小学校五年生の頃

ひどいときにはクラゲの大群がやってきたり、川水が赤く濁ったりすることもありました。今の子どものように情報を持っていないから、本当に不気味でした。教師になってから、あれはプランクトンの異常発生、赤潮だったと分かりました。

少年のボクらには不思議なことが、この川にはいっぱいありました。最も不思議なことは、「魚のよっぱらい」とボクらが言っていた現象です。魚がフラリフラリと、まるでよっぱらいのように泳ぐのです。そのうちに水面にポッカリ浮かんで死んだようになります。ボクらはその魚に小石をあてようとがんばります。まだ野球少年ではなかったボクらのコントロールは悪く、たいがいは、近くにズボッ。すると、死んだようだった魚が一瞬すばやく泳ぐのですが、またポッカリ。あるときには、本当に死んだ魚がぞくぞくと逆流してきました。

そのような現象が海水の逆流によって起きることは、ボクら少年でも知っていました。しかし、海水だとなぜ？　というメカニズムを誰も教えてくれません。ボクが、それは浸透圧の作用によっておきるのだと納得したのは教師一年目のことでした。

当時の中学校の理科教師は、教科書と子どもの多くが見ている地域の現象とを、つなげなかったのです。大学で生活教育を学び、教師になると、生活と地域に根ざす教育を必死に追求しました。自分自身が生活、地域で経験したことを科学の目でとらえなおした典型が「魚のよっぱらい」と浸透圧の関係でした。

中学生になり、泳ぎが上手になって初めて行くことができるつつみ（能登にたくさんある山中に作られた灌漑《かんがい》用ため池、V字型の池で大変危険）での水泳のこと。親の留守中、ひそかに種もみを浸す大きな桶（たらい）を持ち出して、たらい舟を楽しむこと。稲を運ぶための長方形をした舟に、むしろを帆として海の近くまで旅すること。顔中真っ黒にしてシジミ貝をとりに下流へ行くことなど、川に関する遊びだけでも体験は豊かにあります。

家から二〇〇メートルくらい歩けば山。山とも、数えきれない深いつきあい、遊びと労働がありました。

死者か幽霊が迫ってくる

ボクにとってはあまりにも恐ろしい体験だったので、決して口外しなかった少年時代の記憶があります。長年自分の胸に閉じ込めておいたので、どこまでが本当に体験したことなのか、どこまでが夢なのか、定かでなくなってしまった感じもします。

村で葬式があった日のことでした。葬式そのものは子どもたちにとって嬉しいことも多いものです。たくさんの人が集まり、まるでお祭りのようなにぎやかな雰囲気に興奮し、配られる炊きたてのにぎり飯やお菓子にありつけるからです。

たぶん高学年の頃だったでしょう。当時の死者を納める棺桶は、まだ丸い桶のような座棺が一般的でした。親類や近所の人たちがそれを神輿《みこし》のようにして、裏山の火葬場に担いでいきます。葬儀が終わったあと、だれが言い出したのか、いつものボクらガキ連が「〝さんま〟へ行って見てこよう」となったのです。当時は村人もボクらも火葬場のことを〝さんま〟と呼んでいました。「三昧《さんまい》」がなまったのでしょう。

普段は、薄気味悪くて怖くて、決して近寄りたくない場所です。しかし、死んだ人は火葬場に運ばれたあとにどうなるのか、怖いもの見たさの好奇心をだれもがもっていたのでしょう。本音は怖くてしかたないが、意気地なしと思われたくないので、だれも「やめよう」とは言いださず、おそるおそるさんまに近づきました。

普段、森の樹木に囲まれた火葬場の内部は薄暗いものの、森の道の入り口から差し込む光で、棺桶を置く炉の石だけが白っぽく浮き上がっているのが、山道から見えます。しかし、このときは違っていました。真っ赤な大きな炎が燃え上がり、数人の大人たちの顔を照らしています。たぶん酒を飲みながら、囲むようにして棺を焼いていたのでしょう。ゆらゆら揺れる炎が顔に明暗をつくり、鬼に見えたように記憶しています。そして、燃えさかる炎のなかに焼かれる人間の姿を確かに見たのです。

「鬼に焼かれている!」「鬼が焼いている!」「死ぬとあのように焼かれる!」恐怖にひきつった叫び声を発し、薄暗くなった山を転げ落ちるように一目散に駆け下りました。見てはならないものを見てしまったのです。その思いが、誰の胸にもあったのでしょう。

その後、ボクたちガキ連はこの話を決して口に出すことはしませんでした。ボクも見たことをとっても後悔しました。夜になるのが怖かった。夢に出てくる恐怖に悩まされ、寝付けない夜が続きました。そんなに長くはなかったかもしれませんが、当時のボクには長くて苦しい時間でした。

後悔はそれだけではありませんでした。細い林道を隔てて火葬場と向き合うようにして、ボクの家の畑とりんご園がありました。薄暗くなるまで農作業をするのは農家にとっては当たり前で、よく母から、火葬場から最も近い部分の畑を耕すように言われました。火葬場を背にして鍬《くわ》をふるっているときなど、死者か幽霊が迫ってくるような気がして逃げ出したい衝動にかられました。高校生になると、一人で耕してくるように頼まれます。「火葬場が怖くて嫌だ」とは「男のメンツ」にかけて言えないのです。

ガキ時代の恐怖体験はずっと続きました。私にとって「死」はあの火葬場で焼いた、焼かれたシーンの恐怖そのものでした。そのことを、ずっと後年『性の授業　死の授業』(教育史料出版会、一九九六年)に書き、母に話しました。

「本当に悪いことをしたねぇ！　じつは、私も怖くて火葬場が丸見えになるあの畑はほんとうに嫌だった。あんたも怖くて嫌だったとは知らなかった」

なんだ、母もそうだったのか。あのときそう言ってくれれば、ボクも少しは安心だったのに……。

大学のサークル長屋の一角で

一九六五年、ボクは金沢大学教育学部初等教育科に入学しました。父母から、おまえは性格的に学校の先生が一番ふさわしいと何度も聞かされていたので、私自身もいつしかそう思っていたようです。あの頃はそれほど先生になりたかったわけではなかったのに、とうとう七〇歳まで続け、天職になってしまったなあと、今でもつくづく思います。

大学四年間、次第に自ら進んでみっちり学んだのは、生活綴方教育（運動）とそれを中軸にした生活教育でした。少年時代のように、その教育との出会いを物語的に述べてみましょう。

大学一、二年生の頃のことです。ここは、「金大作文の会」という教育研究サークルの小さな部室です。金沢城本丸跡（当時は植物園）に続く、石垣の下にひっそり建っている教育学部だけのサークル長屋の一角です。ボクは、大きな机を二つ並べたテーブルを囲む長椅子に座っていました。一年生から四年生、そして専攻科の学生が一二、三名いたでしょうか。手元や机の上には、手作り本が広げられていました。小西健二郎《こにしけんじろう》という小学校教師が著した『学級革命』（新評論、一九六六年）という本を、それぞれが分担してガリ版でコピーし、印刷したものです。多分、購入する費用を惜しんでのことだろうと思います。

サークルでは週一回の例会で何ヶ月もかけて読み合い、分析をしていました。『学級革命』という本は、いじめられていた子どもが学級に君臨するボスを学級の話し合いで正面から批判し、ボスが支配する学級から民主的な学級へと変えていった記録です。小西は当時二八歳と若く、生活綴方教育と出会い、子どもに生活や自己をつかませ、教師もそれによって子どもの真実を知る努力を情熱的に展開していました。

この日は、清一という学級ボスを勝郎たちが批判し、謝らせるという、クライマックスの読み解きです。声を出して順番に読み合います。

7　清一君もあやまって下さい

（前略）貞夫の詩が一つあったのみで、勝郎も、忠利も、他の者も、清一のことに関していうことも書くこともなかった。ところが、二学期にはいってしばらくたった九月十六日、遊びの問題に関してこの問題が出た。それはボッカンとかいう遊びの時、清一の組になった昌義が、ルールに反したことをしながら、「勝った、勝った。」といい、清一組の者が、勝ったといったというのである。勝郎・貞夫・正光などが発言して、昌義をせめたが、かれの背後に清一がいるということを子どもたちも知っていたのであろうか、清一を批判するところまではいかず、昌義があやまってケリがついた。

その後、同じく遊びのルールの問題に関して、これと同じような形で、間接的に清一に対する批判が出た。そしてついに十月十一日、勝郎を中心として、はじめは今までと同じように、正弘に対する批判からはじまり、ついに清一を直接批判した。（小西健二

郎「学級革命」宮原誠一・国分一太郎監修、美作太郎編『教育実践記録選集　第三巻』新評論、一九六六年、八一頁）

今、読み返すと納得できないことは多いのですが、当時のボクは何の疑問も持ちませんでした。

今の私ならこのような疑問が出てきます。勝郎が清一のボス支配に抗議の綴方を書いたのは五年生の九月。先の教師・小西の文によれば、貞夫の詩以外に清一に関して口頭でも綴方でも不満、抗議は出ていないようです。この後に「あらゆる機会にそれとなく話もしてきた」とは書いていますが、なぜ勝郎達は立ち上がらなかったのでしょうか。そして、一年近くたった六年生の二学期になり、遊びの問題で二回学級会がもたれ、「ついに十月十一日」直接批判が開始されたと書いています。

まず小西学級では、男子の遊びのルール違反もその場での話し合いを重視せず、その都度その都度、全体で話し合いの会がもたれているのでしょうか。生活綴方教育では「何でも安心して言える学級づくり」を重視しています。だからその際、特に女子がどういう発言をしたのかが気になります。私が新任となったのは一九六九年です。六年生を担任しましたが、学級をリードしていたのは女子でした。当時の生徒、トヨミやノリコたちなら「男子、いいかげんにして！　そんな遊びでゴタゴタするのなら、ここで円陣作ってちゃんと話し合って、自分らで解決して」と叱りつけるように言っているでしょう。女子も含めて話し合いの具体が分からないのです。

ところで、何があって「ついに十月十一日」ボス批判の口火がきられたのでしょうか。小西の文はもう少し続きますが、それを読んでも答えは出てきません。何と、答えは勝郎自身が書いているのです。勝郎の綴方を紹介するときに、小西は「この話し合いになるまでのようすを、あとで書いてきた文によって見ると、つぎのようなものであった」と述べています。学生時代のボクは勝郎の綴方をしっかり読んでいなかったのです。子どもの文は慣れないと読みづらいものです。

先輩サークル員が勝郎の綴方を朗読していきました。

運動会の時の競走で、清一君と好弘君がほとんど一緒にテープを切ったので、二人とも一等ということになったが、あとでほうびをもらう時になって、先生が、「すまんけど、二人ジャンケンして勝った方が一等の賞品をもらってくれ。」といわれた。すると、二人はぼくらにかくれてジャンケンをして、清一君が帳面をもらって来た。その時、ぼくはまたやったなと思った。正光君にそのことを話すと正光君も、

「そうや。好弘君はわざと負けて、帳面やっとるにきまっとる。」といっていた。

また同じ運動会の日、正弘君がカバヤの五十点でキャラメルをもらいにいきよると清一君は、「小便してこ」といって、正弘君についていった。ようし、もうおこったと思って、「やあいかんわ」といったら、貞夫君や崇君、忠利君も、「ああずるいわ。」といった。金あみのところから見ていると、店のよこを通って水そうの方へいった。そのことは話し合いではいわなかったが、それからぼくらは清一君のごきげんとりをして勝手なことをする者を、話し合いの時にどんどんやっつけた。

清一君も、ボッカンで正光君にやられていて、セーフやといったり、つかまれそうになると、タイムといったり、じぶんの味方にきそくをやぶって、負けたら、「一度陣地へかえらんと途中からやれ。」などといったこともあったが、清一君のことは、どうもいえなかった。

きょうも野球する時、いつもの組分けのジャンケンをした。きょうは清一君と好弘君とジャンケンして両方に分れることになっていた。ところが、清一君は、気にいりの好弘君とジャンケンしたら、同じチームになれないので、「きょうは泰治君とする番や。」といった。ぼくが「ぜったい好弘君や。」というと、みんなも、「そうやそうや。」といった。清一君はおこって、「もう知らん、お前ら勝手にせい。」といってむこうへいってしまった。ぼくたちは、野球をやめてソフトをした。清一君は、女の子や、泰治君（手がいたかったので）と縄とびをしていた。清一君がむこうから、「正弘君来いやい。」といったら、正弘君はむこうへいってしまった。それでみんなと相談して、きょうの話し合いにぼくが話を出すことにきめた。（前掲書、八一～八二頁）

「生活」から子どもを見る力を身につける

学生のボクは、「詳しく書きすぎでしょう、先生が書きなさいと言ったのではないのに、自分から進んで、そしてこれから問題を解決するためならまだ分かるが、どうして終わったことをこれほど詳しく書くのだろうか」と感心と不思議さでいっぱいでした。

学生のボクにも確かに分かったことは、「ぼくが『ぜったい好弘君や。』」というと、みんなも、『そうやそうや。』といった」と書いているように、勝郎が毅然《きぜん》と清一に向かって主張したこと、それを他のメンバーが「そうや」と支持したことによって、清一が「逃げた」ので、まず勝利したことです。にもかかわらず、正弘を「引き抜いた」ことで彼らの怒りが爆発し、「それでみんなと相談して、きょうの話し合いにぼくが話を出すことにきめた。」のです。教師・小西の文より、はるかに分かりやすく書いています。

勝郎の綴方はまだまだ続きます。交代して朗読は続きます。

先生にだって、悪い時には悪いと、もう何回もいったんだから平気だと思って、「はい」といって手を上げたが、胸がものすごうトントンした。

「なにおっ」と思って、目をつむって、「清一君や正弘君はなぜきょう野球をしないでなわとびをしたんですか。」といった。ぼくは初めていった。いってしまったらもうなんでもなかった。

みんなも次々に発言して、はじめ正弘君のことをいった。そして忠利君が、

「正弘君は、なにやうまいことをいうてですが、ほんとうは、清一君のいうことをきかなんだらこわいから、野球をやめていかれたんだと思います。」といった。信之君も、崇君、貞夫君も、「そうです」といった。正弘君はとうとう泣き出してしまった。そこでぼくは、

「ぼくらは今までに悪いと気がついたら、みんなにあやまりました。清一君も、今までのことを考えて、悪いと思ったらあやまってください。」といった。とうとう清一君は泣きながらあやまった。(前掲書、八二頁)

「やったあ、かっこいい!」四年生の山田さんが言いました。勝郎の「胸がものすごうトン

トンし」「『なにおっ』と思って、目をつむって」発言していった興奮がボクにも伝わってきます。自分のありのままの気持ちを自分の言葉でリアルに表現する。間違いなく読み手によく分かるなあと実感できました。

今の私なら、勝郎の夏休みに何かがあったのに違いない、「いつもの組分けのジャンケン」でのアンフェアを今回見逃さなかった力は、学級生活だけを見ていても見えてこないかもしれない、と考えます。

「生活」からこのように子どもを見る、とらえることこそ、大学時代のサークル長屋で身につけたものなのです。勝郎の綴方はまだ続きます。この経験によって自分は何を得たのか、勝郎は自分をとらえる営みをまとめます。

ああ、とうとうぼくのほんとうの勇気が勝ったと、とび上がるほどうれしかった。けれども、清一君の泣き声をきいていると、なんともいえん気もちになってしまった。「正しいことを正しいといい、悪いことを悪いという。」先生のいつもいわれることは、考えたらあたりまえでなんでもないようだが、ぼくはきょうまで清一君のことについてなにもいえなかった。そのあたりまえのことをいうのが、どんなむずかしいことだったかもよくわかった。そして、いってしまえば、思うとったよりなんともないこともわかった。
小西先生は、音楽もへたやし、字もへたやし、ソロバンもそううまいことはない。けれども、ぼくの心をかえてくださった。ぼくは、もし小西先生に教えてもらっていなかったら、思い切っていう勇気は出なかったかもしれないと思っている。（前掲書、八二～八三頁）

立ち上がった勝郎もスゴイが、その行動を振り返って、「正しいことを正しいといい、悪いことを悪いという」のは、「考えたらあたりまえでなんでもないようだが、ぼくはきょうまで清一君のことについてなにもいえなかった。そのあたりまえのことをいうのが、どんなむずかしいことだったかもよくわかった」というとらえ方ができる勝郎はもっとスゴイと思いました。

この後のボクは、教育学部すべての研究室において自主的なゼミナール活動を積極的に展開する運動のトップリーダーになっていきます。三年生になると、新潟大学、信州大学、富山大学、福井大学、金沢大学で、それぞれ教育を学習研究する学生でつくる「北信越教育系学生ゼミナール」の中央事務局長を務めるようになります。

ガキ時代は、子ども世界内ではガキ大将でしたが、公の場（全校集会や学芸会）で大勢の人前では話すことが苦手でのどがかれ、声が出てこなくなったものでした。

大学時代に強く変わった私を知らない母は、後にふるさとに何回か招かれ、講演で身振り手振りを交え、九〇分間熱弁を振るう私の姿を見て、感激すると共に、私の兄弟のお嫁さんやその子ども達に、こう語るのです。「子どもは長〜い目でみてやらんとダメ。変わるもんや。このトシロウは、小学校一年生のとき、学校に行けず、お寺に隠れて泣いていた。それが、今では……」

そういう状態だったボクに、勝郎の立ち上がりは何らかの影響を与えたのかもしれません。

今、書きながら、ふとそんなことを考えました。

「これだけ詳しく友の行動や会話、自分の気持ちを書くのが生活綴方なんだ」と感心しているボクに、子どもを信じ、待ち続けた教師・小西の姿勢と言動も、とても新鮮に映りました。

クライマックスが幕を閉じる部分の朗読です。


「みんなえらい。先生もみんながきょうのような心になってくれる日をどんなに待っていたかしれない。みんなはとうとう本当にいった。それがだれにでも、正しいことは正しい、わるいことはわるいと、はっきりいえるようになった。君たちは、ひとりひとりの心の中にあった、弱い、古い考え方を退治して、新しく生まれかわった。清一君もみんなと同じだ。悪いところがあったり、時に悪いことをするのは、あたりまえだ。その悪いところを見ながら、知りながら、それを悪いということができなかったみんなの古い、弱い心はうんとにくまなければいけないが、清一君も反省し、あやまったのだから、清一君をにくんだりすることはもうないはずだ。これからほんとうにみんな手をつないでなかよくやってくれ。」（前掲書、八三頁）

生活綴方で育てられた、ものの見方

ボクの小中学生時代だったら、こんなときに教師というものはガツンと頭にゲンコツを入れ、叱りとばして「謝れ」と命じて終わりのはずです。生活綴方・生活教育教師とは、何とやさしく、子どもの力を信ずることかとつくづく感心していました。小西の発言を朗読したところで話し合いに移りました。

もう五〇年も前のことです。種々の条件を思い起こして、交わされた意見を想像してみました。

「当たり前のことを言うのがどんなに難しいことか、今の私にも容易にできないなあ」

「小西先生ってどんな先生なのかなあ。普通の先生って子どもには偉そうに言うけれど、自分は権力を持っている強い人に悪を悪だと言わないでしょう」
「でも、この実践がつくり出されたのは一九五三年だから、多くの教師が戦前の教育を批判し、民主主義教育を必死に追求していたから、権力の不正には抗していたと思うよ」
「勝郎は、小西先生は『ぼくの心をかえてくださった。ぼくは、もし小西先生に教えてもらっていなかったら、思い切っていう勇気は出なかったかもしれないと思っている』と言っている。勝郎を変えた、成長させたものは何だろうか」

司会が新たな問いをサークル員に提起しました。三年生の津浦《つうら》さんは「ここまで子どもたちが育ってきたのは、かれらの学校・学級生活に起こった問題について、どんな小さいことでも、子どもなりの考えを、徹底的に話合いさせてきたことが大きな力となった」という文に着目して、小西先生が話し合いで解決する力を指導してきたことを指摘しました。

続いて「勝郎は、個人では、なかなかなしえなかった心の変革を仲間の力によってなし、そしてかれによって仲間もともに心の変革をなしとげることができた」という文と、綴方の前半部分に着目して仲間の力も指摘しました。

多くの人が発言したのは、やはり生活綴方を書くことによって育てられた、ものの見方・感じ方・考え方・行動の仕方の確かさ、深さでした。ボクもそう思いました。

この本には、多すぎるほどに子どもの綴方が出てきます。よくもまあこんなに頻繁に、そして詳しい綴方を書くものだと呆《あき》れ、不思議がり、感心していましたが、ここでも勝郎の綴方は一六〇〇字以上の長文です。

「あとで書いてきた」と小西先生は述べているので、自主的に家で書いてきたと考えられます。作文が嫌いなボクには考えられないことです。自主的に長文を綴《つづ》って、自分や友の行動を確認し、人間を見つめる眼差《まなざ》しを磨いているのではないかとボクは思いました。

「北方性教育運動」の象徴のような詩

最初の頃、ボクはそんな学級って、そんな先生って本当に存在するのだろうか？　ひょっとして、都合良く書き上げた小説的な記録ではないのかと半信半疑でした。ボクが受けてきた教育とは、あまりにも違っていたからです。

おもしろいもので、今の私がそんな疑いをもたれるときがしばしばあります。『涙と笑いのハッピークラス』は「ドラマのようにできすぎだ」と言われるのです。ところが、カメラ撮影が入らなかった日は三日くらいで、私がカメラを禁じた場面は一切ありませんでした。中心人物の一人、ヨウは初めて番組を観たときに「おもしろかった。たしかにおもしろかったけどな、オレ等の一年間はもっと重たいもんやで」と言い切りました。

子ども一人ひとりの生きる物語は、よほど寄り添わない限り、他者の目では軽く描かれたり、受け止められたりしてしまうのです。大学一、二年生のボクは、まだまだ教育、子ども、そして何よりも自分自身の少年時代の奥行きを深くとらえ直していなかったのです。

サークルでの意見交流はさらに進んでいきました。話し合いや仲間の力、そして何よりも自分を取り巻く仲間の言動と、自分の内面を丁寧に見つめた綴方の力、子どもの立ち上がりを辛抱強く待ち続けた教師の指導力まで進み、これこそ、生活綴方教育・生活教育だと多くのサークル員が納得しかけたときのことです。

「待ちすぎではないか。子どもの綴方も立ち上がりももっと要求するのが指導ではないか。〝清一のボス的行動に関して書かれたのは……〟という記述によれば、勝郎の訴えは五年生の九月二七日になっている。謝らせたのは何と六年生の一〇月。一年間もかかっているのは、明らかに学級集団を意識的に変える指導が弱いのではないか、という意見があるよ。どう思う？」と専攻科で学ぶ炭谷《すみたに》さんが発言しました。

サークル長屋の隣の部室は、「教育科学研究会」というサークルで、主に全国生活指導研究協議会が強く推し進めている学級集団づくり（民主的な集団づくり・「班核討議づくり」）を研究していました。そこの学生たちからも現実の教育界からも、生活綴方教育による生活指導、学級づくりは弱すぎるという批判がありました。

まだ、専門課程に進んでいない段階（当時の大学は一年半、一般教養の講義ばかり）のボクには、それらのことはよく理解できませんでした。先輩たちに「金森、よく分かったか？」と聞かれ、「いやいや禅の修行です！」と半分本気で答えていました。

しかし、サークルで読み続けた『学級革命』、無着成恭《むちゃくせいきょう》編『山びこ学校』（百合出版、一九五六年）、鈴木道太《すずきみちた》『北方教師の記録』（麦書房、生きている教育シリーズ、一九五七年）、三橋《みつはし》辰雄《たつお》と修道小学校『北風の歌』（修道小学校三橋学級編、明治図書出版、一九六四年）などの実践記録によって、ボクは確実に生活綴方教育・生活教育に惹かれていきました。

戦前、東北地方を中心に燎原《りょうげん》の火のごとく広がった生活綴方教育（「北方性教育運動」とも言われる）は、子どもに現実生活と向き合うことを要求し、生活とそこに生み出される感情、意思をありのままに綴らせました。そして、極度の貧困と抑圧から脱却する生活意欲を引き出し、生活的知性を育むことを大切にしました。

その「生活的知性」を育むためには、生活綴方教育を軸に、常に自分たちの生活現実とつなげて考えることが必要です。すべての教科内容、つまり科学・学問と文化を、テキストに書かれた抽象的観念的なものとしてではなく、前述した「浸透圧と魚のよっぱらい」のように地域の現実の具体的な文脈、リアリズムに求めていくのです。ボクはこの生活教育論に自分の少年時代を重ねて考えることができ、親近感が持てたのではないかと思います。

大学のサークル部屋。右から二人目が著者

以下の「きてき」は、「北方性教育運動」の象徴のような詩ですが、ボクが生活綴方教育に親近感を抱いたことが分かって貰《もら》えるでしょう。

あのきてき
たんぼに聞こえただろう
もうあばが帰るよ
八重蔵
泣くなよ（佐々木昴「菊池知勇氏の文芸運動と綴方教育」、原本、『北方教育』昭和七年、第八号、のち、日本作文の会編著、『北方教育の遺産』百合出版一九六二年に所収、八三頁）

ボクの少年時代には、十数枚ある、どのたんぼからも小高い線路を走る汽車がしっかりと見え、汽笛も大きく聞こえました。「上りだから、〇時〇分やな。急がないと……」「〇時〇分の下りだから、兄貴が高校から帰ってくる！」両親もボクら兄弟もそんな会話をしていましたから、この詩は本当によく分かりました。

あば＝お母さんのお乳が欲しいと八重蔵が泣いている。〇時の汽車が汽笛を田圃《たんぼ》に響かせ通過していった。お母さんもきっと急いでおまえのもとに来るから、頼む、泣かないでくれ。背中の八重蔵を必死にあやしながら子守に精をだしています。小学生が働く両親と共に強く生きる、感動的な生活詩です。

サークルにしっかり軸足をおいたボクは、日本教育史、生活綴方教育、生活教育を本格的に学ぼうと志し、二年生後半から始まる専門課程で、教育学研究室に籍を置くことになりました。そこで、北方性教育運動の中で中心的な生活綴方教師であった村山俊太郎《むらやまとしたろう》とその著作（『村山俊太郎著作集（全三巻）』百合出版、一九六八年）を卒業論文で取り上げ、一年間以上をかけて研究し、大学を巣立ちます。

このサークル長屋での学習と、異年齢の先輩との交流が私の教師生活の原点となったのです。

第五章　日本には世界教育遺産がある

――教育遺産の力

日本の世界教育遺産

前章まで見てきたように、オランダで高い評価を受けた金森俊朗の教育実践は、独自に生み出されたものではありません。過去から受け継いできた教育方法やそれを支える思想が日本の教育史には存在していたのです。

日本で行われてきた教育実践の中でも、金森が特に多くを学んだ生活綴方《つづりかた》教育と生活教育は、世界教育遺産と呼ぶに値する活動です。この章では、金森実践を生み出した源泉であり、その成果を受け継いでいる生活綴方教育および生活教育について振り返り、その特徴を明らかにしていきます。

第一章でも見た通り、現在の日本社会において、子どもへのまなざしや実際の要求は、年々厳しさを増しています。そうした状況がますます子どもを苦境に追いやっているようです。そのような時代に、我々が何を見失い、今改めて大事にしなければならない教育方針は何なのか、大事にすべき教育の本質は何かを、過去の教育実践から考えてみたいと思います。

先に結論のようなことを述べますが、教育で最も大事にされなければならないもの、それは、自分を表現すること、内側から湧いてくる心の叫びを大事にして、表に表すということです。内から出てくるものが他者を傷つけたり他者の存在を否定したりするならば、それは押しとどめられ、考え直されるべきですが、周りの視線を意識しすぎて自分の気持ちを押し殺してしまうのは却《かえ》って危険と言えるでしょう。なぜ大事なのかは、第六章で改めて考えてみます。

内から湧いてくるものを表現する。それを大事にしてきた教育実践の代表例が、生活綴方教育と生活教育です。これらの教育実践は、個々の子どもから湧き出る個性、意志、願いなどを尊重し、育てることを主眼としており、正に日本が誇れる世界教育遺産です。また、これらの教育実践から生み出された作品や、これらを取り上げた作品も遺産として受け継がれるべきものと言えるでしょう。

生活綴方教育や生活教育の様子を描いた小説などを題材として紹介しながら、その教育内容の豊かさを確認していくことにします。

一　生活綴方教育が目指すもの

三浦綾子の願い

最初に、生活綴方教育について見ていきましょう。生活綴方教育とは、生活のありのままの様子や日頃の思いを素直に記録することを追求した作文教育です。二〇世紀に入る頃より行われるようになり、特に東北地方では一九三〇年に秋田で出された『北方教育』という雑誌を中心に、生活綴方教育運動が広まっていきます。こうした教育活動の広がりは北方性教育運動とも呼ばれます。金森俊朗も、卒業論文で北方性教育運動の代表的教育者の一人である村山俊太郎を主題に取り上げています。

生活綴方教育を考える上で、小説家三浦綾子《みうらあやこ》にとって最後の長編小説となった『銃口』の場面を取り上げてみます。この作品は、太平洋戦争開戦直前の一九四〇年から翌年にかけて起きた北海道綴方教育連盟事件を題材にしています。

北海道綴方教育連盟事件とは、生活綴方教育を実践していた教師が一斉に検挙された事件で、五〇名を超える教師が特高警察に連行され、投獄されました。なぜ綴方教育をしたことが逮捕の理由になるのでしょうか。

生活綴方教育は、生活のありのままを書いたり、考えたことを素直に書き綴《つづ》ったりすることを目指していましたが、そのように文章を書くことは、自分を取り巻く社会の真実を見抜き、解き明かそうとする科学的視点を養うことにもなりました。育《はぐく》まれた冷静な観察力と問題意識は、国家や社会への疑問や反発を起こさせることになりかねないとされ、治安維持上の問題と見なされたのです。だから、子どもに綴方を書かせることは罪として問われ、綴方教育は弾圧対象となりました。

そのため、戦時中はこうした教育運動は一切できなくなりますが、戦後には復活します。

第四章でも取り上げた小西健二郎『学級革命』や無着成恭『山びこ学校』、また、土田《つちだ》茂範《しげのり》『村の一年生』（新評論社、一九五五年）、東井《とうい》義雄《よしお》『村を育てる学力』（明治図書出版、一九五七年）、恵那綴方の会編『恵那の子ども』（百合出版、一九五二年）といった教育実践も生まれます。更に、こうした生活を記録していく活動は、市民の間に広まっていきました。

死期を意識してまとめた最後の長編小説で、戦時下の綴方教育を取り上げたところに、三浦綾子の熱い思いが感じられます。三浦自身、戦時中は教師をしていて、戦争協力への深い反省がありました。熱心なクリスチャンでもある三浦は、教師時代を次のように回想しています。

> わたしは十七歳そこそこで小学校教師になった。もしそのとき、既に真の神を知っていたならば、生徒に教える教え方は全くちがったものになっていただろうと思う。いかに国家あげての軍国主義の中にあっても、生徒に戦争をよしとしては教えなかったにちがいない。
>
> あるクリスチャンの教師は、担任のクラスに航空兵志願の割当が来た時、視力の弱い近視の生徒ばかりを志願させた。その結果、全員が試験に落ちた。落ちた生徒はむろん、そのクラスの生徒たちも、他のクラスの生徒たちも、一斉にこの教師を白眼視した。教

師は非国民だと罵《ののし》られた。だがこの教師は黙ってそれに耐えた。彼は、愚かな戦争に、何としても生徒をむざむざ死なせることはできなかったのだ。
真に命の大切なことを知っている彼が、白眼視されながらも、教え子を死地に送り出さなかったほどの愛に生きていたその同時代に、わたしは戦争を謳歌《おうか》し、国のために死ぬべきことを生徒たちに鼓吹していた馬鹿な教師だった。（三浦綾子『光あるうちに』新潮文庫、一九八二年、一九六～一九七頁）

信仰者であっても、この教師のように戦時下で時流に抵抗することは大変難しかったでしょう。しかし、三浦は子どもたちを戦争に駆り立てた反省を心に刻んでいたのです。生活綴方教育は、自分の考えや思いを素直に表現することを追求しましたが、自分の思いが封じ込められ、強い権力に従っていくことが求められる風潮への反省と警告を、三浦は最後の作品に込めたのです。

教師の子どもへのまなざしが文を生みだす

『銃口』は旭川《あさひかわ》の尋常小学校の話から始まります。そこに登場する坂部《さかべ》先生の姿をまずは見てみましょう。ある日、授業に遅れて泣きながらやってきた中原芳子を温かく教室に迎える場面です。芳子は始業式の次の日に、夕張《ゆうばり》から転校してきたばかりの児童でした。

坂部先生は前から四番目の芳子の席に坐らせ、教壇に戻ると、みんなを見まわして言った。

「今、なんだおくれて来たのか、と言った者がいるな」

みんなは互いに顔を見合わせた。

「そう言った者は、遅れることは悪いと思って言ったんだな。みんなに言っておくがな、遅刻は悪いと誰が決めたんだ？　芳子が一体朝何時に起きるか、知ってるか。知ってる者手を上げろ」（中略）

「（中略）ところで芳子は、毎朝五時前に起きるんだ。起きたら顔を洗って、ご飯の用意をして、働きに行くお母さんに手伝って、弁当をつくって、病気のお父さんの顔を拭いて、それから前の日に仕入れておいた納豆を手籠に入れて、売りに行くんだ。納豆をなるべく全部売って帰らないと、芳子は心配なんだ。納豆は売れる日もある、売れない日もある。早く売れるとご飯を食べる暇があるが、売れない日は腹を空かしたまま学校に来る……」

坂部先生の声が途切れた。みんな先生のほうを見つめている。竜太も息を殺して見つめている。先生の口がひくひくとふるえていた。

（中略）

（坂部先生って、すごい！）

どうしてこんなにあたたかいのか、竜太は泣きたくなっていた。竜太には不思議だった。芳子はついこの間転校して来たばかりなのだ。それなのに坂部先生は、芳子が五時前に起きること、ご飯を炊いたり、病気の父親の面倒を見たりして、それから納豆を売りに出ること、それをちゃんと知っているのだ。（三浦綾子『銃口　上巻』小学館文庫、一九九八年、五二〜五五頁）

坂部先生の子どもへの接し方に注目してみましょう。遅刻してきたことを一概に否定せず、子どもの気持ちをくみとり、何よりも存在そのものを受け入れています。その子どもの背後にある生活、家庭環境、抱えている課題も十分理解した上で、子どもと家庭の置かれた境遇に共感をしているからこそとれる態度です。

決して表面的な理解はしていません。人の背後にある生き様、その奥行きに目を向けようとしているのです。金森がよくいう、キャッチャーとしての教師の姿がここにあります。そのような温かみあふれる先生の態度に、子どもたちは安心し、心を開いていきます。そうした教師と子どもとの応答関係があるからこそ、子どもから豊かな表現を引き出すことができます。

受け入れてくれる人がいるから、子どもは自らの考えを素直に皆の前で語ることができるのです。作品の中では、坂部先生に遅刻を温かく弁護してもらった芳子が「よいとまけのお母さん」という作文をみんなの前で発表する様子が描かれています。作文を読む芳子の姿は、とても堂々としたものでした。

「わたしのお母さんは、お父さんが病気の時、よいとまけの仕事に出ました。手拭《てぬぐい》で頰《ほお》かむりをし、親方が貸してくれた青い半てんを着、もんぺをはき、地下足袋《じかたび》をはいて出かけました。よいとまけというのは、家を建てる土地の、地ならしをする仕事です。大勢で、エンヤーコラヤーと大声で叫んで、綱をひっぱるのです。そして太い丸太ん棒をどすんと落すのです。おとなりのおじさんが、

『あんたのおっかさん、どこに働きに行っている』と聞いたので、

『よいとまけにいっています』

と答えたら、びっくりして、

『あんなべっぴんが、よいとまけなんて、もったいねえ。料理屋にでもつとめれば、も

っとぜにになるのに』
と、馬鹿にしたように笑いました。先生、よいとまけは、馬鹿にされる仕事ですか。力いっぱいせいせい出して、おなかをすかして働く仕事は、わたしはいい仕事だと思います。先生、教えてください」

堂々とした綴り方だった。それを芳子は悪びれもせず、素直な声で読んだ。みんなは何となくしゅんとした。竜太もしゅんとした。というより、舌を巻いたといったほうがいいかも知れない。

(もしぼくの母さんがよいとまけに働きに行ったら……)

きっと恥ずかしいだろうと思った。何が恥ずかしいのか、芳子の綴り方を聞いているとわからなくなるのだが、それでも何だか恥ずかしいと思う。とても綴り方に書いたり、人前で読んだりはできないと思う。なぜ恥ずかしいのか。なぜ内緒にしたいのか。よくはわからないが、そういう気持になることは確かだと思う。心の底に、女のする仕事ではないという気があるのだろう。貧しい家の女たちのする仕事だという気持が、あるのだろう。

「貧しいのは悪いことではない」と、幾度も坂部先生に聞いてはいる。それはそれでわかるのだが、腹の底ではわかってはいない。だから芳子のように書かれると、凄く偉いと思うのだ。多分他の者も同じ思いだったのだろう。あの頃から何となく、芳子に対するみんなの目がちがってきたような気がする。（前掲書、九三～九五頁）

芳子が自分を語り、自らの思いを書き綴って他者に伝える力、自分の意見を主張できる力を坂部先生は育てていたのです。素直に考えたこと、ありのままのことを芳子は綴ったのでした。これこそ、生活綴方教育の目指した作文です。

主人公の竜太は坂部先生の「貧しいのは悪いことではない」という教えをすぐに理解できたわけではありません。本当に子どもが自らの思いを発するためには、自ら納得しなければいけないのです。子どもがただ単に教師の教えを繰り返したところで、内から湧いてくる思いに根ざしていなければ、それは表面的理解にすぎず、外からの指示に従うことばかりを覚えてしまうのではないでしょうか。

それだけ、子どもの内側から出てくる思いを育てるには時間がかかります。それを見守る者には忍耐が必要なのです。ひとりの声が他の子どもにも直接届いて、自分はどうなのだろうか、と自問自答している竜太のような受け止め方こそ、共に学び合う効果の表れと言えるでしょう。

また、子ども同士の言葉で交流し合う点にも、大きな教育効果があると考えられます。教師の一言よりも、子ども同士が意見を発表し合う方が、子どもの内側に響くことが多いのです。子どもが考えたことを声に出せること、それをみんなで聞きあって考えたり反応したりすること、ここに生活綴方の意義があります。

こうした北方性教育運動は先ほども述べたように戦争中の学校から一切姿を消しますが、戦後には、再び東北を中心に日本各地で多くの遺産ともいうべき生活綴方実践が展開されていきました。

生活綴方教育は社会に浸透していた

学校教育で作文という手法を用いることは、今でも国語教育において実践されています。子どもの経験したこと、感じたこと、考えたことをありのままに綴らせるようになったのは、生活綴方教育の成果と言えるでしょう。

一九三三（昭和八）年三月の真夜中、三陸《さんりく》海岸で地震と共に大津波が発生し、岩手県下閉《しもへ》伊《い》郡田老《たろう》村では九〇〇名以上が犠牲になり、家屋も村落内のほぼすべてにあたる約五〇〇戸が流されるという甚大な被害が出ました。その村の尋常高等小学校の子どもたちが書いた作文が、吉村昭《よしむらあきら》の『三陸海岸大津波』（文春文庫、二〇〇四年）に詳しく紹介されています。

子どもたちは家族や友人を亡くした悲しみに包まれながらも、一見淡々と飾らない言葉で当時の様子を文章に綴っています。技巧に走らない子どもたちの文体はとても生々しい内容ですが、どれも「予想通りのすぐれた作品ばかりで、しばしば眼頭が熱くなった」と吉村は述べています。田老尋常高等小学校では児童一六四名、教員二名がいのちを落としました。孤児になったある児童は、担任に「ありのままを作文に書け」と言われたことを記憶しています。

ここにも、生活綴方教育の精神、すなわち心の底から言葉を紡いで書きとめていく姿勢が生きています。生活綴方の大きな特徴として、心の内で感じたことや考えたことが情感込めて書かれる一方で、冷静に一歩引いて客観的に見つめる視点も持ち合わせた作文が多いことが挙げられます。だからこそ、記録としても価値があり、読み手に感動をも起こさせるのです。こうした記録に残していこうとする精神は、戦後も広く日本社会に浸透していきます。

戦後すぐ、山形県《やまがたけん》山元村《やまもとむら》で実践された無着成恭による綴方教育の記録は、一九五一年に『山びこ学校』という文集として出版され、大きな反響を巻き起こしました。山元村で無着が目の当たりにした現実は、「想像を絶するほどの貧しさ」（佐野眞一《さのしんいち》『遠い「山びこ」』新潮文庫、二〇〇五年、一〇六頁）でした。

以下、『山びこ学校』（無着成恭編、岩波文庫、一九九五年）を元に無着の教育実践を紹介していきましょう。

無着は「ほんものの教育をしたい」という願いから、自らの実践に綴方教育を取り入れたのです。と言うのも、教科書の内容をそのまま教えても、生徒たちの生活実態とは異なり、嘘を教えることになってしまうと気づいたからでした。

社会科の教科書には「村には普通には小学校と中学校がある。この9年間は義務教育であるから、村で学校を建てて、村に住む子供たちをりっぱに教育するための施設がととのえられている」と書かれてありました。しかし、現実には学校には「地図一枚もなく、理科の実験道具一かけらもなく、かやぶきの校舎で、教室は暗く、おまけに破れた障子から吹雪がぴゅうぴゅうはいって来る教室で、先生のチョーク一本をたよりに教育がいとなまれている」状態でした。教科書の前書きには「いなかに住む生徒は、改めて自分たちの村の生活をふりかえって見てその欠点を除き、新しいいなかの社会をつくりあげるよう努力することがたいせつ」と書いてあります。

そこで無着は、教科書通りのことを教えるのでなく、生徒に生きている現実社会を見つめさせて、そこから生徒の生活実感を掘り起こし、学習を深めていく取り組みを行ったのでした。綴方教育を通して、徹底的に生徒たちに自らの生活実態を見つめさせたのです。

貧しい山村で生きる自分たちの姿を描くことで、村を良くするにはどうしたらいいのか、生徒たちに考えさせ、「お互いの生きた生活感情にしみじみとふれ合いながら」そこを土台として学習を深めていきました。「私は社会科で求めているようなほんものの生活態度を発見させる一つの手がかりを綴方に求めた」と回想しているように、一九四七年に新設されたばかりの社会科の本来の理念がここに実現していたと考えられます。

載っている作文はいずれも言葉が借り物でなく生きていて、且つ冷静に状況や気持ちを書いています。身に迫る重たい内容も多いのですが、言葉にいのちがあるからこそ、読む者の心を動かすのでしょう。

学級委員だった生徒が卒業式の答辞で「私たちは、この三年間、ほんものの勉強をさせてもらったのです。たとえ、試験の点数が悪かろうと、頭のまわり方が少々鈍かろうと、私たち四十三名は、ほんものの勉強をさせてもらったのです」と述べています。これこそ無着の実践が生徒の心に浸透し、彼らが深い学びを感じていたことを物語っています。

のちに小説家として活躍し、『兎の眼』や『太陽の子』（いずれも角川文庫、一九九八年）などを執筆する灰谷健次郎《はいたにけんじろう》も、大学生の時に児童詩誌『きりん』に掲載された子どもたちの作文を読んで「たった十一歳の少年が人生の深淵《しんえん》を見つめている」と衝撃を受けています。そして、生活綴方教育を志します。二二歳（一九五六年）で小学校教員になった灰谷は学級文集を作ったり、万引きをした子どもには二人で向きあい、彼女が悔いた心を「チューインガム一つ」という詩に書かせたりするなど、教育実践に取り組んでいます（灰谷健次郎『わたしの出会った子どもたち』角川文庫、一九九八年参照)。

子どもに自分の言葉で心の内にある思いを綴らせる、という取り組みは、日本の学校では広く取り入れられた方法でした。多少言い回しや形式が拙《つたな》くても、まずは自分を見つめ、社会や環境を見つめる。そして感じたこと、考えたことを素直に書かせることを意識した取り組みでした。灰谷も『きりん』に掲載された児童の詩や受け持ちの子どもたちの作文を丹念に読み込み、子どもの心の奥底に迫ろうと学んでいたのです(灰谷健次郎『子どもに教わったこと』角川文庫、二〇〇〇年参照)。

一九五〇年代には生活綴方教育にヒントを得た「生活記録運動」が青年や女性の成人教育として広がっていきます。

一九六九年に出版された『戦争中の暮しの記録』(暮しの手帖社)も、民衆の生活を書く力が結集して生み出された作品と言えるでしょう。『暮しの手帖』を編集した花森安治《はなもりやすじ》はこの本の「あとがき」で、寄せられた庶民からの投書一七三六通を読んで心動かされたと書き残しています。なぜ心を動かされたのか、その理由を花森は「どの文章も、これを書きのこしておきたい、という切な気持から出ている(中略)書かずにはいられない、そういう切っぱつまったものが、ほとんどの文章の裏に脈うっている。(中略)このごろ、そうした書かずにはいられない、という気持から書かれた文章が、果していくつあるだろうか」と綴っています。

このような生活を書き綴る行為も、生活綴方教育の成果が広く社会に浸透していたことの証拠と言えるのではないでしょうか。

二　生活教育が育てるもの

児童の村

次に、生活教育について考えてみたいと思います。ここでいう生活教育とは、子どもの生活実感や経験、日常生活における場面を大事にして行われる教育実践のことで、今の小学校一、二年生で行われている生活科教育とは違うものです。

今から紹介する子ども主体の教育実践である生活教育は、日本では主に大正自由教育と呼ばれる一連の教育実践運動に、その典型例を見ることができます。中でも代表的な生活主体の学校（生活学校）として知られたのが、野口援太郎《のぐちえんたろう》らが一九二四（大正一三）年に創設した「池袋児童の村小学校」です。この学校ではどのような教育風景が繰り広げられていたのか、追ってみていきたいと思います。

なお、「池袋児童の村小学校」については既に多くの研究がなされていますが、宇佐美承《うさみしょう》の『椎の木学校 「児童の村」物語』（新潮社、一九八三年）が最も学校の様子を生き生きと描いています。今回は主にこの文献を紹介する形で、その教育内容やその根底にある思想についで考えてみましょう。

野天学校

池袋児童の村小学校の教育方針は、開校当初に作成されたパンフレットには、「子どもを校舎にとじこめないで原っぱであそばせながら個性をのばし、自分で勉強する子にしていく」と書かれていました。後ほども触れますが、このような教育方針を児童の村訓導（正規教員）であった野村芳兵衛《のむらよしべえ》は「野天学校」と述べています。つまり学校が遊びの場であり生活の場であって、子どもたちはのびのびと過ごすことができました。開校と同時に入学した児童は五八名でした。

野口援太郎は役所への申請上、仕方なく「小学校」と名づけたものの、新しく作った場所を学校とは考えず「児童の村」と呼ぶだけで十分であると考えていました。また、そこに暮らすのですから、教師と教え子ではなく、いわば家族のような人間関係を彼は作ろうとしていたことがうかがえます。子どもたちが各組に分かれた後、保護者に対して野口は「つめこみ、おしつけの教育で、子どもたちはかんがえる力をなくしている、修身やテストで、ずるい子がふえている、だからこの学校をつくったのだ」と説明しています。

ここに、野口の強烈な学校教育批判が主張されています。またこれは、大正自由教育運動で生み出された多くの学校に共通した考えでした。

若手教師の戸惑い

池袋児童の村小学校の代表的な教員として知られる野村芳兵衛は、岐阜女子師範学校附属小学校訓導を経て、児童の村開校と同時に転任してきました。この時二九歳でした。野口を慕っている野村も、最初のうちは驚きの連続だったようです。

なにしろ児童の村には時間割がない。始業は九時、終業は三時となっているけれど、はっきりしない。ある子が登校すれば、そのときがその子の授業のはじまりで、下校すればその子の授業はおわるという。援太郎先生は、子どもには、先生と時間と場所をえらぶ自由があるともおっしゃる。それはどういうことだろう。子どもがすすむ道の草を刈ってやるだけでよい、刈りかたはまかせる、子どもはめいめいすきなことをしながら勉強していく——こうも援太郎先生はおっしゃる。日本一の援太郎先生のことばだから、ほんとうにちがいあるまい。でも心配だ。

芳兵衛先生が、こんなことをかんがえていると、子どもたちのにぎやかな声がきこえてきた。まだ七時半なのに、もう、とんだり、はねたり、それにケンカもしているようすだ。（前掲書、一九〜二〇頁）

ひたすら遊び続け、まだ午前中なのに思い思いの場所で弁当を食べ始めるなど、好き勝手に過ごして教師の指導も通じない様子を、同僚の志垣寛《しがきひろし》や平田《ひらた》のぶは冷静に分析しています。

「芳兵衛君の組の子は、まちの学校で、たまりにたまった毒素をはきだしてるんだよ。これまで四角四面の兵舎のような、ところによっては牢獄のような建物にとじこめられ、日がな一日〝しずかにせい、勉強しろ〟とやられてきた。いわば檻《おり》のなかで芸をしこまれているオウムだったんだよ。オウムはときどき、どれくらいおぼえたかテストされ、一番からビリまで順位をつけられ、ビリのオウムは懲罰をうけた。そんな目にあった子が、ハネをのばして当然だろう。いまハネをのばさないと、狡猾きわまる人間になっていくんだ」（前掲書、二一頁）

二人とも、子どもに強い信頼を置いているのが分かります。

子どもの成長は時に時間のかかるものです。それを忍耐強く待つのも大人の役割であると、彼らは理解していました。野村はそのことを理解するのに時間がかかったようです。

同じような不安は保護者にも広まっていました。しかし、子どもが言うことをきかなくなったとか、いたずらがひどくなった、などと家庭で困った様子を伝えても、「わたしたちは、子どもさんが自分でわかるのをまっているんです」といい、「おどせば、そのときはいうことをききましょう。そのかわり、人目のないところでわるいことをするようになります」と野口は返答しています。

更に、進学のための学力を心配した保護者が「うちの子は中学にはいれそうにありません」と伝えると「知識はなくとも、知力がついていれば、試験まえのすこしの準備でまにあいます。よしんば落第しても、さきに大輪の花をさかせます。その花も一様でなく、色とりどりです。つめこみの知識はすぐわすれます。一般の学校はいま、そんな知識をおしつけ、大量の規格品をつくる工場になっています。お子さんを工場製品になさいますか、人間としておそだてになりますか」と答えています。

学校が大量の規格品を作る場所になっているというのは、明治の歌人石川啄木《いしかわたくぼく》も同じような指摘をしています。啄木は一九〇七年三月の手記で、今の日本の教育は「壊れた時計」の大量生産であると批判し、一九〇九年には「最高の教育というのは芸術である」と主張しています（大田堯《おおたたかし》『大田堯自撰集成1　生きることは学ぶこと』藤原書店、二〇一三年参照）。啄木の言いたかったことは別に芸術家を育てるということではなく、一人一人が自らの個性、内から湧いてくる感情や思いを自由に表現することこそが、教育で大事にされなければならない、ということでしょう。

児童の村をはじめとする生活学校の目指した教育は、正に啄木の思い描いた、子ども一人ひとりが輝く教育だったのです。

子どもたちがどんどん学んでいく

一学期の間は遊びほうけていた子どもたちでしたが、夏休みを過ごして以降、突如勉強しはじめます。野口援太郎は子どもたちの変化を見て喜びます。子どもは自分のしていることに満足すると、次に面白そうなことを見つけるようになるものです。このような変化をこそ、野口たちは待ち望んでいたのであり、我が意を得たり、と確信を覚えたことでしょう。

子どもたちの授業態度が変化した場面を見てみましょう。

トックリ先生の授業でもこんなことがあった。先生のお話をきき、自分でもお話をつくりはじめていた二年生のモグラがいった。

「先生〝熊〟って字はね、ム、月、ヒ、ヒ、テンテンドンドンだよ」

モグラの鼻は「どんなもんだい」といいたそうにふくらんでいた。

オノッコは、それがうらやましくなって、モグラと漢字のおぼえっこをはじめた。

（宇佐美承『椎の木学校「児童の村」物語』新潮社、一九八三年、六一頁）


誰かが面白そうなことを始めると、それが周囲に伝染します。子ども同士に働き合う教育力があるのです。今紹介した漢字のおぼえっこは、正にそうした友達の楽しそうな姿に影響を受けている様子を描いています。

四年生のデンシャは、算術も読方もきらいだった。機械をくみたてたり、こわしたりばかりしていた。ところが日本ではじめてのラジオ放送が愛宕山ではじまる日がちかづくと、デンシャはラジオの雑誌をよみはじめた。国語読本は、つっかえつっかえなのに、ラジオの雑誌はどんどんよめた。まもなく部品をかってきて、ラジオをつくりあげた。声のでないラジオのまえで、みんなは万歳した。（前掲書、六二頁）

子どもは、自分が興味を持ったことは、とことん追究するものです。何かのきっかけで、子どもの内側にやる気が起き、突然態度が切り替わることがあります。この際、子どもがいったん心に決めたことは、その子が納得いくまでさせることが大事です。また、何かの目標を達成した時にみんなで共に喜び合う。そのような集団であれば、自分の取り組んでいる世界に自信を持ち、更なる探究心を注ぐことができるようになります。

この場面では、ラジオは結局声がでなかったことが分かります。それでも、デンシャくんにとってラジオを作り上げたという達成感を、仲間が共に喜んでくれていることが重要なのです。それにより、デンシャくん自身も自信を持てますし、周りで喜んでいる仲間も嬉《うれ》しい気持ちになると共に、自らを駆り立てるいい刺激をデンシャくんから受けていることでしょう。

子どもの側から表れてくる思いを受け取っていくことが、学級の大きな役割でもあります。低学年のクラスで、担任のトックリ先生（峰地《みねじ》光重《みつしげ》）が童話や歴史物語など話してきかせている時、今度は子どもの側から話をしたいとの要求が出され、月曜一時間目を「子どもたちの時間」にしたそうです。

つぎの月曜日、みんなは競争で日曜日のできごとを話した。動物園にいった話、おじいさんとけんかした話、いとこのおにいさんがあそんでくれた話など、息せききって話した。

だんだんに、子どもたちの話は上手に、またくわしくなっていった。なかなか順番のまわってこない子が「先生、お話をかいてきていい？」とたずねた。先生は「もちろん」といった。作文をつくってくる子がふえていった。（前掲書、五三～五四頁）

先生の話を聞いて、今度は自分たちが話したくなったこと、その思いを教師が受け止めて子どもたちのお話の時間を設けたこと、友達の話を聞いて学級の子どもたちも話したくなり、順番が回ってこない子どもたちは作文を書き始めたこと。どんどんと学級の中で子どもたちの活動がつながりあって動き出している様子が分かります。内側から湧いてきた思いや伝えたい出来事を綴るという生活綴方教育の精神が、自然と児童の村で生み出されていたのです。しかも注目しておきたいのは、このような活動が子どもの側から起きてきたという点です。こうした綴方教育は更に発展していきます。

人をみちびくことは傲慢で軽薄

教師の一人だった志垣寛は教師を辞めた後、『綴方生活』『綴方読本』という雑誌の編集をしながら児童の村を支援しました。また、高知《こうち》県で小学校教師を務め、生活綴方教育運動において指導的役割を果たした小砂丘忠義《ささおかただよし》も、娘を児童の村に預ける一方で志垣の雑誌編集に協力しています。

子どもの内側に育つものがあると、それを表現する方法が必要になります。生活綴方教育はその一つでした。子どもたちは身の回りのこと、自然、文学といったことに興味が湧くようになって、とうとう学級文庫ができていきます。これも、子どもの側から出てきた欲求を教師が支えるために作られたものです。

子どもたちの変化を目のあたりにして、野村芳兵衛の考えも変化していきます。

(前略) 芳兵衛先生は、日記にこうかいた。
「自分が自分の主人になる。なんとすばらしいことだろう。子どもは、自分の主人になったとき、いきいきと生きて、自分からまなぼうとする。とすると、教育とは、子どもを、いきいきと生かすことではないか」
先生は、ミッちゃんのことをおもいだしていた。ミッちゃんは去年、最上級の四年生だったのに、おませなクシロと逆に、とてもおさなかった。一日中、粘土ばかりこねていた。一学期のある日「せんせ」とよぶので目をむけると、ミッちゃんの目は、できあがったばかりの粘土細工をみてほしいといっていた。粘土の台のうえに木の葉で鳥の巣ができていた。巣のなかに、粘土のヒナが四羽、くちばしをあけていた。巣のそとの母鳥が、グミの小枝をくわえて、あかい実をヒナにやろうとしていた。

先生は、おもわず「かわいい」といいながら、そんなミッちゃんがもどかしかった。どんどん本をよんでいくナオコたちのことを頭にうかべて、この子には、はやく算術や国語をおしえなならん、とおもっていた。でもいまは、あのころの自分は、なんと傲慢《ごうまん》だったんだろう、とおもう。「ミッちゃんの神秘な生命を信じ、したがっていくべきだった」（前掲書、六四～六五頁）

野村は、人をみちびくことは傲慢で軽薄と断言しています。子どもを指導するという意識のうえにたつ教育ではなく、子どもの内側にある「生命」の動きに合わせた教育を目指したのです。

野村は自著（『野村芳兵衛著作集2　新教育に於ける学級経営』黎明書房、一九七三年）の中で「教育のために生活してゐた間、私は本当に生を教育に求めることが出来なかった。でも生活の中に教育を発見した時、本当におちついて教育の仕事にいそしむことが出来るやうになった」と述べています。

生活の中に教育を見出《みいだ》すとは、どういう意味でしょうか。野村は続けてこう述べています。

「新教育は、凡そ生活の自覚によって見出された教育の甦生である」。つまり、生活の自覚によって教育は生き返るというのです。子どもは生活の中で、あるいは生活を通して様々なことを学んでいきます。日常を生きていくその経験において、子どもは自ら興味を持ち、自然や遊びや人間関係や生きる上で必要なことを学ぼうとするものです。だから、子どもの遊びそのものに人生的意味があると自覚することや、「学校を子供の生活の場所と見る」ことが、真の教育だというのです。

逆に今までの学校は、このような子どもの側からの自由な発想、意欲を削《そ》いでしまう教育でした。「学校は今迄のやうに学習学校であるばかりでなく、今後野天の学校、又は親学校としての意味が発揮されなくてはならぬ」と、机に向かって教室で行う学習だけの学校から、自然空間を教室にした学校の設立を提唱したのです。

野村は生活の中に教育を見出すことで、今までの一方通行的教授型教育ではない、新しいスタイルの教育を見出しました。生活教育の真髄がここにあると言えます。生活の中に教育を見出す、すなわち普段過ごしている日常の中で子どもの関心を高め、学習を深めていくという考えとも言えるでしょう。今までの国が定めたお仕着せの試験中心教育でなく、子どもの意欲を優先していくという発想が「児童の村」に見事に結実したのです。

これこそ、普段の生活を生きる力を磨く教育である。そう言えるのではないでしょうか。

いやいややらされるのは「勉強」にならない

私たちは、児童の村の教育から何を学べるのでしょうか。この学校では、大人の側から押しつけられた教育ではなく、子どもの側から表出される意欲関心に合わせ、またその時々の天候や出会いなど、偶発的な出来事に臨機応変に対応し、機会を用いて学びの場を創出しようとしていたことが分かります。宇佐美承『椎の木学校「児童の村」物語』には、野口援太郎の言葉として、次のような考えが紹介されています。

「教科書を、順におしえていくほどくだらん話はない。教科書は、子どもが将来、世にでてから必要とおもわれる知識を、やさしいところから順番にならべてある。一見、便利なようだが、そうではない。子どもの興味を無視して、おとながかんがえたものだからだ。

しかもそれを、学年、学期、いや各週ごとにまで区ぎって子どもの頭におしこんでいく。なんたる横暴か。百害あって一利なし。つっかえた子はお先まっくらである。先にすすみたい子は芽をつまれる。みずから苦労して知識を得ようとする意欲を喪失するではないか」（前掲書、一四七頁）

また、「石けりしながら木の葉の数をかぞえたり、地理の勉強のために絵や手工をしたり、原っぱでつかまえたトンボを顕微鏡でしらべ」るなど、「児童の村の勉強は、国語、算術、地理、歴史、図画、手工、唱歌というふうにわけられなかった」ともあるように、今の学校で言う総合的な学習を子どもと共に作り出していく光景が同書に描かれています。

このようなスタイルの授業風景ですから、学級で一斉に行うような決められた時間割はありませんでした。子どもたちはそれぞれ自分のペースで課題を見つけ、予定表を作り、独自学習をしました。教師は教えるのでなく、子どもたちを見守り、時々質問に答えたりアドバイスをしたりすることを基本的な役割としていました。このスタイルでは個々の進度も理解度もばらばらになってしまいます。そこで、時々は相互学習の時間として、お互いに得意な科目を教え合ったり、足りないところを教師が講義したりしました。

このような授業展開は、教科書に沿って単元ごとに進める現在の学校教育では難しいかもしれません。しかし、総合の時間や学級の時間、教科間の連携などでまだまだ工夫の余地はあるはずです。また、子どもに広い視野を持たせる学校外の環境も、子どもの成長を大きく左右します。そうした環境への配慮において、家庭の役割はとても大きいと思います。

自由に子どもの好き勝手なことばかりさせていては受験勉強もままならないと思われがち

ですが、こうして児童の村の子たちは、自分の関心から学習を始め、時に友達同士の学び合いを通して自然に学ぶ姿勢を身に付けていっています。意欲が湧いて学習に取り組む子は、いやいややらされている勉強よりも、はるかに実の多い学びをすることができます。

この教育実践と現代を比べてみると、今の社会は、あまりに子どもの内側から湧いてくる思いを軽視しています。学校も家庭も、既にプログラム化された課題を子どもにあてがって、敷かれたレールの上を走らせているだけなのではないでしょうか。子どもの判断をどれだけ信用し尊重できるかが、教育上の大きな課題なのです。

生活教育を担った教育者が共通して抱いていた思いとは、画一的な学校教育への疑問でした。すなわち明治維新以降、日本の学校は近代化を担う国民の育成のために、早期から試験による競争と選抜を実施する。そして立身出世と結びつける形で、教育勅語を基礎とする修身教育によって国への忠誠心を植え付けようとする教育内容でした。そのような教育内容は上から与えられたものであり、教師の権威の絶対化と、児童生徒の権威への服従によって成立していました。

これに対し、より子どもの自由な活動を大切にしようとする教育者たちの試みが、私立学校を中心として全国に多数花開いていました。それが、大正自由教育運動でした。中でも、「生活することこそが教育」という理念を基盤に据えた児童の村のような生活学校は、現代の我々にも強烈なメッセージを投げかけています。

三 『窓ぎわのトットちゃん』を生み出したもの

自由ヶ丘学園とトモエ学園

野口援太郎らの始めた池袋児童の村は、戦争へと向かう一九三六（昭和一一）年七月に閉校となります。しかし、児童の村のような自由な生活教育は、細々と他の教育者たちによって受け継がれていきました。

その一人が手塚岸衛《てづかきしえ》です。手塚は千葉師範学校附属小学校主事を長く務め、自由教育を実践してきました。一九二六年に千葉県大多喜中学校長となりますが、軍事教練教官や一部生徒からの糾弾にあい辞職し、昭和に入ってすぐの頃に東京で自由ヶ丘学園を創り、理想とする自由な教育を実践しました。

手塚は自由ヶ丘学園を開校するまでの間、「池袋児童の村で子どもたちと椅子をならべ」て生活学校を改めて学んでいたそうです。自由ヶ丘学園は手塚の理想とする教育を行うための学校でした。しかし、手塚の死去と同時に財政難も重なって一九三六年には閉校となります。奇しくも池袋児童の村の閉校と同じ年です。

この自由ヶ丘学園の幼稚園と小学校を引き継ぎ、一九三七年に開校されたのが、同じ自由が丘に小林宗作《こばやしそうさく》によって創られたトモエ学園です。こうして、生活学校の教育は細々と受け継がれていったのです。

本章の最後に、児童の村小学校の精神を受け継いだ学校として、黒柳徹子《くろやなぎてつこ》さんのベストセラー小説『窓ぎわのトットちゃん』（講談社、青い鳥文庫、一九九一年）に登場するトモエ学園についてもみておきたいと思います。五八〇万部を売り上げ、日本の歴代出版物発行部数で堂々の一位を占めているこの本は、多くの人に読まれていますので、知っておられる方も多いでしょう。

黒柳さんの自伝でもある本作品は、東京自由が丘に実在したこの学園が実際に行っていた自由でのびのびした教育実践をとても豊かに描き出していて、多くの読者が共感をしました。このように豊かに情景を描き出せるのも、生活教育のなしえた成果かもしれません。トモエ学園にどんな特徴があるか、まずは授業について紹介している箇所を引用してみましょう。

（前略）なによりも〝かわっていた〟のは、この学校の、授業のやりかただった。
ふつうの学校は、一時間目が国語なら、国語をやって、二時間目が算数なら、算数、というふうに、時間割りの通りの順番なのだけど、この点、この学校は、まるっきりちがっていた。

なにしろ、一時間目が始まるときに、その日、一日やる時間割りの、ぜんぶの科目の問題を、女の先生が、黒板にいっぱいに書いちゃって、

「さあ、どれでも好きなのから、始めてください。」

といったんだ。だから生徒は、国語であろうと、算数であろうと、自分の好きなのから始めていっこうに、かまわないのだった。だから、作文の好きな子が、作文を書いていると、うしろでは、物理の好きな子が、アルコールランプに火をつけて、フラスコをブクブクやったり、なにかを爆発させてる、なんていう光景は、どの教室でも見られることだった。この授業のやりかたは、上級になるにしたがって、その子どもの興味を持っているもの、興味の持ちかた、物の考えかた、そして、個性、といったものが、先生に、はっきりわかってくるから、先生にとって、生徒を知るうえで、なによりの勉強法だった。

また、生徒にとっても、好きな学科からやっていい、というのは、うれしいことだったし、きらいな学科にしても、学校が終わる時間までに、やればいいのだから、なんとか、やりくりできた。したがって、自習の形式が多く、いよいよ、わからなくなってく

ると、先生のところに聞きに行くか、自分の席に先生にきていただいて、納得のいくまで、教えてもらう。そして、例題をもらって、また自習に入る。これはほんとうの勉強だった。だから、先生の話や説明を、ボンヤリ聞くといったことは、ないにひとしかった。（前掲書、四七〜四八頁）

児童の村ととても似ている授業風景ですね。時間割はなく、先生が一日の始めにその日の課題を書き出したら、子どもはどれから始めても構わないというのです。子どもの意志を最大限尊重した学習空間が提供されていたと言えるでしょう。授業時間内に散歩を取り入れているのも、大きな特徴です。

（前略）先生が朝の一時間目に、その日、一日やる時間割りの問題を黒板に書いて、みんなが、がんばって、午前中に、ぜんぶやっちゃうと、午後は、たいがい散歩になるのだった。これは一年生でも、六年生でも同じだった。

学校の門を出ると、女の先生を、まん中にして、九人の一年生は、小さい川に沿って歩き出した。（中略）

十分くらい歩いたところで、女の先生は、足を止めた。そして、黄色い菜の花を指し

て、

「これは、菜の花ね。どうして、お花が咲くか、わかる?」

といった。そして、それから、メシベとオシベの話をした。生徒は、みんな道にしゃがんで、菜の花を観察した。先生は、ちょうちょも、花を咲かせるお手伝いをしている、といった。ほんとうに、ちょうちょは、お手伝いをしているらしく、いそがしそうだった。(中略)

子どもたちにとって、自由で、お遊びの時間とみえる、この『散歩』が、じつは、貴重な、理科や、歴史や、生物の勉強になっているのだ、ということを、子どもたちは気がついていなかった。(前掲書、六一～六五頁)

先生が用意した教材や進め方によって授業が展開するのでなく、その場で出会ったものや光景に目をとめ反応しながら、実物を通して物事を受け止め考えられる力を育てているのです。これも、正に野村芳兵衛の言う野天学校であり、子どもの生活の場が教育の場になっていたのでした。

四　世界教育遺産と呼べる理由

日本の風土から生まれた教育実践

以上、生活綴方教育と生活教育の具体的な実践例を見てきました。紹介した内容は、いずれも大正から昭和にかけての日本の教育現場で実践された風景です。いずれの教育でも、大事にされてきたのは、生活の中で生きる子どもを尊重し、生きていく中で子どもたちが感じたこと、気づいたこと、興味を覚えたことなど、内側から湧いてくるやる気や学ぶ意欲を伸ばしていくことでした。

こうした考えの授業スタイルは、当時、世界的に広がりを見せていた自由教育、児童中心主義教育の大きな潮流の中にあったことは確かです。実際、アメリカで生まれたジョン・デューイのシカゴ実験室学校やヘレン・パーカーストのダルトン・プランといった教育方法は、大正時代にいち早く日本へ紹介されました。フランスではセレスタン・フレネが一九三五年からフレネ学校を南フランスに作り、子ども主体の自由な授業方法を実践して日本でも注目されました。

しかし、ここで紹介した生活綴方教育や生活教育といった教育実践は、そうした外国の模倣とは言えません。日本の教育者たちは子どもと向き合うことで、内面を開き、表現したくなるような環境及び方法を整えていきました。つまり、日本の教育者たちが生み出し、独自に発展させたオリジナルの教育実践と言えます。

ある著名な学者や教育者を冠にした個人名による方法論ではなく、広く草の根の教育運動として各地で展開していったことも、大きな特徴です。日本における教師や市民の学び合う場を活性化させ、教育内容を豊かにしていきました。

現在もこうした教育方法と理念を学び合うための民間教育団体が地道に活動しています。特に生活綴方教育は日本各地に広がりを見せ、一定の成果を生み出しました。

金森実践においても、「手紙ノート」は子どもが思ったことを綴り、発表するという生活綴方の精神が生かされています。また、時には自分自身をしっかり見つめ直す機会（たとえそれが醜い部分であっても）をも与え、子どもが本気で自分の言葉を語り合う場を大事にしているのです。

そうした、共に語り合い学び合う精神が、仲間同士の対話だけでなく、自己内対話を生み出し、子どもの動き出す力へとつながっていくのです。イカダ事件（第二章参照）で友をかばった子どもたちの姿は、そうした自立して動き出す心が育っていた証拠でしょう。

また、金森学級では多くの実物が持ち込まれます。また、臨機応変に機会をとらえて学びの場を作り出しています。こうした姿勢こそ、生活教育から受け継いだものです。教師の側は、子どもの心を読むこと、キャッチャーとして子どもを受け入れること。そうした姿勢があったからこそ、子どもも心を開き語ったり綴ったりできるようになりました。無理に子どもの心を開かせるのでなく、子どもが安心していられる場所を整えることが教師の大きな役割でしょう。生活教育こそ、そうした子どもの自由を保障する場を大事にしていた教育実践です。

現代社会でこのような教育実践が可能かどうか、という疑念も出てくるかもしれません。また、こうした生活綴方教育や生活教育は経験主義にはしり、体系的な知識や発想を身に付けられないという批判もあります。しかし、では現代社会における先を急ぐような教育一辺倒でいいのでしょうか。今を生きる子どもたちにとって、どのような教育が本当に必要なのか、現代の私たちが見失ったものは何か、改めて次章で考えてみたいと思います。

第六章　子どもと世界を読み解く

——共育・響育・協育

一　現代教育を問い直す

私たちはここまで、金森俊朗の実践紹介と、それを育てた歴史的教育遺産としての生活綴《つづり》方《かた》教育や生活教育について見てきました。本書の最後に、教育遺産を受け継いで学びを豊かにすることの意味や方法について考えてみましょう。

こなすだけの「学び」に意味は乏しい

今の学びに欠けているものは何なのでしょうか。今の教育がより豊かになっていくにはどうしたらいいのでしょうか。

教育問題と一口に言っても、発達の問題、不登校、虐待、いじめ、貧困、学力格差、保護者対応など、たくさん挙げられます。どれも大きな問題であり、簡単に論じることはできません。そのすべてをすぐに解決できるような特効薬は残念ながらありません。しかし、何よりも子どもたちの学びを豊かにしていくこと、学びを子どもたちに取り戻すことが大きな課題ではないでしょうか。

教師も多忙化する一方ですが、子どもたちがもっといきいきするような働きかけをすることは、ちょっとした取り組みから可能です。学びの回復、充実は急務です。そのためのヒントの多くが、教育遺産の中に隠されています。

学校を中心に行われている現在の学びは、子どもの必然性から行われているものではなく、教師の側から子どもに課せられた内容です。そのため教師も子どもも、ほとんど学ぶ意味について深く考えることなく、受け身の姿勢でこなします。

割り切ってそうした勉強についていければなんとか乗り越えられるかもしれませんが、色々な場面で子どもは選別され、学ぶ意欲を失っていきます。授業は受け身で聞かされるもの、その時間空間で使われる言葉の意味を深く考えることもなく、ただ字面だけを書きとめ、必要なところは覚えて終わりという表面的な行為で済ませてしまっていることがあまりに多いのが現実です。

無関心のまま、自分と学んでいることの関係も意味も分からず、試験のための勉強を繰り返す。学びの面白さを知らないで、学びからの逃走をするようになる。多くの子どもたちは、そういう感覚をある時点で身に付けてしまうのです。

そういう表面的な「学び」（本当の意味でこれは「学び」とは言わないのですが）はテストが終わると同時に忘れ去られていく。何がその学び手の内側に残ったのでしょうか。そのようなことの繰り返しでなんとなく時間を過ごし、とりあえず高校までは出る。その後、大学に入るも、将来の安定のために資格を取ることが目的で、物事の本質を深く知ろうとせずに過ごしてしまう。そんな浅い勉強で何が育つのでしょうか。

外から与えられた試験問題に決められた時間内に取り組み、学力の定着と試験準備のために反復練習をさせる学習場面は、朝学習の時間や休み時間を使って見られています。公立小学校では階段の一段一段に四字熟語や英単語などが貼り出され、日頃からこうした「知識」が子どもたちの目にとまるような環境作りが進められています。

毎年四月に小学校六年生と中学校三年生を対象に行われる全国学力・学習状況調査（全国一斉学力テスト）の対策として、過去問を解かせる学校も増えており、市や県を挙げて学力測定の順位に躍起になっています。実際は、二〇一六年度の調査結果では、「上位3県と下位3県の成績の差が前年度より縮まり、地域差が少なくなる状況」（朝日新聞二〇一六年九月三〇日付）です。つまり、わずかな点数差で一喜一憂している状況なのです。果たしてこうした学力向上、学力測定を基準にした競争にどれほどの意味があるのでしょうか。そして、この問いにしっかり答えられる大人は、どれだけいるのでしょうか。

結局は、この追い立てるようなやり方は、子どもたちの内側から湧いてくる関心や感情をないがしろにしているだけです。

近年、色々な取り組みがなされています。アクティブラーニングといった考え方が大学だけでなく小学校や中高でも取り入れられ始めています。また、ＩＣＴと呼ばれる電子機器（電子黒板やタブレット端末など）の利用も進められています。こうした新しい試みは、それなりに意味はあるでしょう。しかし、より深いところで子どもたちの心を動かすことにならなければ、同じ結果になるように思うのです。

学校は社会的風潮の補完的勢力になっている

教育とは、人を育てることが目的です。問題は、どのような人物の育成を目指しているのかという点にあります。それは、その時代の社会情勢と大きな関係があります。

現在、多くの人が将来に不安を抱えています。労働環境は決してよくはなっていません。サービス残業の問題は多く、ブラック企業の労働実態もたびたび報道されます。人手がない中で業績が求められます。それも短期間で成果を出すことが要求されます。就業形態としては、非正規雇用が全雇用者数の約四割を占め、増加傾向にあります。個々の家庭では、今や正規で働けるかも分からない時代に、どれだけよい働き口やよい地位を得られるのかが大きな関心事になっています。

将来の安心のために、若者たちは上級の学校に進学し、将来の選択肢を多く獲得できるような学歴を積むか、手に職を付けるために資格を取ることを目指すか、という方向に追いやられています。さらに入学希望者数が日本の全大学入学定員よりも少ないという大学全入時代に入り、今や二人に一人は大学に進学する状況になりました。

つまり、最優先されるべきは学歴であり資格であり、学校は将来を保証してくれればいい、という話になってきています。学年が上になるにつれ、特に高校や大学受験が近づくにつれ、学校教育は選抜の機能を果たすようになり、どの進学先に進むかによってその人の人生が決まっていくように受け止められています。

それはまるでその人の能力だけでなく、人間性も含めて選別されているようです。そのような状況ですから、受験勉強をせずにどの高校に行ってもいい、とは安易に言えないのも現実です。受験は誰もが失敗したくないと考えています。その思いを否定することはできません。

社会で職を得て安定した生活をするためには、今のような学校教育でも仕方のないこと。しなくてはいけないからする勉強になっている。意味が実のところはよく分からなくても、やらなければいけないからやる。解けるようになれさえすればいい。そうすれば学力は上がる。いわば、学ぶ側の意思は関係なく、与えられた課題さえ解ければいいのです。そこに内発的な思いや行動はありませんし、正答を出せばいいので、物事を深く考えることもしません。

ある程度のレベルの高校では教師たちは、どれだけの卒業生を有名大学、特に国公立大学に進学させたかで高校の存在価値が決まるかのような観念に縛られています。もちろん、目の前の児童生徒と常に親身に向きあってくれるいい先生も大勢います。しかし、体制としての学校教育は人を序列化していることにつながっているのです。幼児教育においてさえも、就学前教育としての早期教育がもてはやされるようになっている状況で、幼児教育の学校化が進行しています。

結局こうした学歴学力などによる序列化意識が浸透することで、自分より「下」の者を見下すという風潮が強まっているのではないでしょうか。誰かをターゲットにしていじる、スクールカーストと呼ばれる風土は、学校の中に階層ができていることを指摘していることに他なりません。残念なことに、度々起こるホームレス襲撃事件や、二〇一六年七月におきた相模原《さがみはら》での障がい者大量殺傷事件もその延長とも考えられます（この事件の場合、被害者の名前公表を遺族側が拒んだ理由として、日本では「優生思想」が強いと述べたと伝えられています）。

日本人は弱者に冷たい傾向があると、ある調査結果から言うことができます。少し古いデータですが（二〇〇七年一〇月公表）、「自力で生活できない人を政府が助ける責任がある」という質問に日本人は三八％が反対（正確には、とても反対するが七％、おおよそ反対するが三一％）と答えたそうです（*47-Nation Pew Global Attitudes Survey*, The Pew Global Attitudes

Project, 2007)。
これは調査した四七ヵ国中最多の数字となっています。なお、ブルガリアではわずか一％の反対に留まり、その後はモロッコ二％、スペイン三％と続き、他にはドイツ七％、イギリス八％、イタリアと中国は九％という結果でした。一方アメリカは二八％、エジプトとヨルダンが三二％と日本に次いで高い数値でした。逆に、賛成と答えた日本人は五九％（とても賛成が一五％、おおよそ賛成が四四％）でした。「とても賛成」と答えた割合が一五％という結果は、その次に低いアメリカの二八％の半分ほどの値であり、四七ヵ国中極端に低くなっています。

自己責任という言葉が強調されるようになり、自分の生活を維持できないのは自分が悪いから助ける必要はない、という発想が広く浸透していると考えられます。他者に冷たい殺伐とした人間関係が日本社会に広がっていることを示すデータと言えるでしょう。なぜなら、結局は他人は競争相手に他ならないのですから。

電車など、公共の場で妊婦や子連れ、特に赤ちゃんを連れている親に冷たい視線が向けられるという悲しい話題もたびたび報道されています。ある教育玩具《がんぐ》を販売する企業が二〇一五年四月に公表したアンケート結果によると、子育て中の母親四一二人中実に四七・三％が日本の社会は子育てに寛容でない、と答えたそうです（ボーネルンド「子育て中の母親と子育て未経験・経験済み男女の子どもがいる環境に対する意識調査」)。このような他者への冷めた見方がどこから来るのかは根深い問題ですが、一つの要因として、競争化社会と、それを支える学力向上主義教育から生じる弊害が考えられます。

結局、こうした社会的風潮を学校教育は補完する役割を果たしてしまっているのです。試験のための勉強は実感を伴わず、無味乾燥になりがちです。また、子ども同士のつながりをなくすことにもなります。

学校現場は子どもに多くの課題を出しすぎて、学ぶ意欲を引き出すよりも課題をこなすことに追い立てて、そのことで子どもの内側にある思いを押し込めてしまうことが多いのではないでしょうか。学力競争が意識されると、学力を基準とした優越感と劣等感、差別意識、序列化、軽蔑《けいべつ》心、嫉妬《しっと》、利己性、争いなどといった感情を心に植え付けることになります。更には人間関係が希薄化し、共に生きようとする思いが育たない社会になっていきます。そうして心に刷り込まれた感情は単に成績上のことだけでなく、その後の人生のあらゆる場面にも影響を及ぼすことが多いのです。

また、第一章にもあるように、自分に対する満足度も自尊感情（自己肯定感）も低い状態です。外からの要求に応《こた》えようと必死になりながら、それに応えられずに自分や他者を傷つける、自分の本心を顧みずに内に押しとどめて、世間と折り合いをつけて生き抜くような生き方を身に付けるだけになってしまいます。

社会構造を変えるのは大変だが、生き方に影響は与えることができる

子ども自らが進んで行動し学んでいく児童の村の子たちの姿は、とても印象的なものでした。彼らのように身の回りのことと結びつけたり、身の回りの中で興味あるものを見つけたりすることから学びを進めていけたら、その学びはその子にとって必然性の高いものとなり、物事の理解を深められるでしょう。

実際、児童の村ではとても自由な生活教育をしながらも、子どもたちは受験に対応できるほどの学力も身に付けていきました。児童の村の子どもたちは、卒業後希望の学校へ進学しました。『椎の木学校「児童の村」物語』には、「十四人は、ほとんど第一志望の学校に合格したのだった。でも、援太郎先生はじめ、村の先生は、こんなことで有頂天になりはしなかった。試験ではかれるものは、人間の能力のごく一部だとかんがえていたからだ。ただ先生がたは、子どもが、そのときどきに力を発揮できるようにそだったことをよろこんでおられた」と書かれています。

ここに、受験勉強を乗り越えた学びの世界が示されています。受験競争を含みつつ、学びを豊かにしていく試みがもっと必要なのです。学びの奥深さを知ること、探究する姿勢を身

に付けることが、将来の生き方にも少なからず影響を持つと思います。

教育こそ、そうした世の中の価値観とは別の生き方があることを示せる可能性のある機会です。自分が居心地のよかった空間や仲間との時間は心に残るものです。また、家庭においても子どもをどれだけ守れるかが大きな鍵《かぎ》となります。今の時代にこのような教育が可能なのかどうかが、問われています。

我が子が安心して生きていけるよう、社会構造そのものを変えることは容易ではありません。しかし、その後の生き方にも影響を及ぼせる取り組み、持続可能な働きかけが教育活動には可能なのです。教育により心の育ちが促されると、その動き出す力がその後の生き方の原動力にもなりえるからです。

二　「内なる声」を育む教育

三つのポイント

歴史的遺産として見てきた教育実践が大事にしてきたことは、端的に言うと子どもの「内なる声」を育《はぐく》む、ということに集約されると考えられます。教育遺産として紹介した大人たちは、子どもたちの内側から湧いてくる声、自分から動き出す力を受け止め伸ばそうとしたのです。そして子どもが主人公の教育を目指していました。彼らが具体的にしようとしていたことは、次の三点にまとめられます。

第一に、内から湧き出る感情や願い、思いを表現できるような身体の獲得を目指しました。ただ好き勝手に自分が言いたい放題をするのではなく、自分を顧みることのできる視点の成長も含んでいます。その場合、内側からの思いを安心して話せる相手や環境の存在がとても大きく影響します。第二に、ドリルや形式的な方法以外で好奇心をかき立て、面白いと感じられる学びの経験が実践の中に盛り込まれていました。そして第三に、問いや課題を自ら見つけて追究できる力や動き出す力を大事にしたという点です。

こうした点がもっと意識されれば、教育活動はもっと豊かになるでしょう。大人ができることは、子どもの声を受け止めることです。彼らの思いをくみ取ることです。そう簡単ではないでしょう。子どもが本心を言わないこともあるからです。それは、言いたくないから、言って心配させたくないからという心理が働いているからかもしれません。最大限大人ができることは、子どもの声を聞こうとする姿勢を持つということでしょう。

では、なぜ「内なる声」が大事なのでしょうか。

自分の存在が認められるからこそ、互いに認め合う

誰もが自分の存在を受け入れられることを望んでいますし、みなが認め合う関係が人を大きく成長させます。教育遺産の実践では、個々の思いが大事にされる一方で、みんなで一つのことを喜べる、そんな仲間のつながりが作られていきました。金森学級では、一人でもハッピーでなければみんながハッピーになれないと子どもたちが語っています。しかも、そうした学級でも十分に学力は高かったと金森は述べています（第三章問6参照）。

生活の中で興味関心好奇心を育て、探究心を育むこと。知りたい、してみたいという内側から湧いてくる意欲、個人を内側から突き動かす思い、すなわち「内なる声」を大事にすること。

それを言葉で綴《つづ》ったのが綴方教育であり、子ども自らが動き出す実践をしたのが児童の村に代表される自由教育、生活教育の学校です。

「内なる声」を大事にする教育は、何より自尊感情の成長を促します。どのような状態であれ、その子の存在を受け止めてもらえる関係の中で育まれるものです。自分は存在していいんだという実感、その人がそこにいていい、そこで考えて自由に発言や表現をしていい、受け止めてもらえるという安心感こそが、自尊感情を育てます。

ところが、近年は「学校のきまりが守れず、注意されることが多い児童・生徒は、自信をもてず、やる気につながりません。日頃から、教職員の共通理解の下、継続的に、学校のきまりを守ることを指導することが大切です」と指導する地域も出てきました。

規則を守れたから、何かができたから、自尊感情が高まる、ということはありません。外から言われたことに従順に従えるかどうか、自分の内面を外側の基準に合わせられるかどうかで自分の価値を評価していることに他なりませんし、結局は子どもの内側から湧いてくるものを押さえ込んでしまいます。

もしある子どもが反抗的な態度を取ったり授業に集中できなかったりしたら、何か心配事や不安、葛藤《かっとう》などを心に抱えているかもしれません。そうした態度を取る原因を子どもと一緒に探らなければなりません。少なくとも、大人はそうした子どもの内側を読み取ろうとしなければなりません。それを、規則が守れないのは悪いやつだという決めつけをしてしまうことは、却《かえ》って子どもを理解する道を閉ざすことになります。自尊感情は、そういう外からの基準によって判断されるものではありません。

大人は平気で子どもの思いを押し込めてしまうことを日頃してしまっているのではないでしょうか。一つの事例を紹介します。私はある大都市で、幼稚園児たちの活動場面に遭遇しました。そこは公園の一角で、四方を金網で囲まれた場所でした。

最初のうちは、そこの半分のスペースを使って近くの保育園児が（おそらく二歳児くらい）、思い思いにサッカーのようにボールをけって追いかけまわしていました。しばらくすると、別の後からやってきた幼稚園児（年長と思われる子たちと年少と思われる子）が、教師と思われる大人三人の引率のもと、手をつないで入ってきました。

何をするのか見ていると、教師たちは子どもをきれいに整列させた後、地面にロープをまっすぐに引き始めました。大体三〇メートルくらいの距離でした。そのうち一人の教師がロープのゴール地点に立ち、二人の年長児男児をスタート地点に立たせました。教師がストップウォッチを持って「ヨーイドン！」と合図を出すと、二人の少年は一斉に走り出したのですが、一人の男児は金網まで勢いよく走り抜けた一方で、もう一人はゴールするとともに勢いを弱めたのです。その時ゴール地点にいた教師は、走りを弱めた男児に対して激しい口調で「金網まで走れって言ってるでしょ！」と叱責《しっせき》し、なんと二人とも再びスタート地点へ戻されてやり直しとなったのです。

その様子を他の園児たち（二〇名程）は、きちんと整列し座ったまま見ているのでした。二度目も結果は同じでした。ゴール手前で減速した少年はまたもや叱責され、次の二人組に交代させられたのでした。

この教師の態度は正しかったのでしょうか？　落ち着いて考えてみれば、危険を察知して金網の前で減速するのは当たり前のことです。少なくともその少年は危険を察知したか、ぶつかるのを怖いと思ったから減速したのでしょう。少年の取った態度は極めて自然な行為に思われました。それを、教師の指示に従わなかったというだけで叱られるのは正しいことなのかどうか。どうしてその教師は、彼の内面を受け止めてやれなかったのでしょう。怖いのなら、せめて教師がゴールでどんとぶつかってこいと待ち構え、受け止めてやるくらいの姿勢を見せてほしいところでした。正に、キャッチャーとして。

それを見ていた子どもたちは、自分の思いを押し殺して教師の言う通りにしようと体に染み込ませてしまったに違いありません。子どもの内から湧いてくる思いを踏み潰してしまう教育では、自分を大事にし、他者も大事にできる思いなど育つはずがありません。大人の声かけが子どもをどう成長させるのか、その責任の重さをもっと感じるべきです。

つながり合うには、自分をも見つめる目が育たなければならない

冷静に洞察する力を育てつつ、内側から湧いてくる思いを大切にしていたのが生活綴方教育です。彼らの中から生まれた声や問いが、社会の本質を突くことにもなります。

これからの時代に求められる力の一つとして、まずは本質を見抜く力、洞察力、観察力を挙げたいと思います。このような力も、生活綴方教育が育てようとした力です。自らを取り囲む社会環境を客観的に眺め分析する力が、情報に簡単に支配されてしまうことを防ぐことになります。

似たような内容の教育として、近年メディア・リテラシー教育と呼ばれる取り組みが注目されています。これは、情報の選別能力を育てることを目指していますが、生活綴方教育との大きな違いは、得た情報を自らの視点から見つめ直し、考えを文章として表現することに力点を置くかどうかにあります。生活綴方教育では客観と主観を往復しながら、考えたこと、分かったこと、感じたことなどを文章として表現していきます。

ただ外の世界を客観視して分析するだけではいけません。自分でさえも、時に見つめ直すことが必要です。

よく学級目標として「仲良く元気に」とか「つながり助け合う」という標語を掲げているクラスがあります。しかし、多くの場合は、単なる標語であり、クラスの「つながり」は表面的な仲良しで済ませてしまっていることも多いのが現実です。

金森俊朗も、第二章にもあるように、自身のクラスで「つながり合ってハッピーに」という合い言葉と共に実践を行ってきました。決してお題目のように友達同士仲良く、と言っているのではありません。金森学級の子どもたちは、つながり合うための前提として、それぞれがまずは自分を持つように育てられます。金森実践の大きな特徴は、一人一人が安心して受け入れられ、思いを述べていい、教師もみんなもその声を受け止める、というメッセージが込められている点だと言えるでしょう。そのような環境の中で、個々の子どもは自分を持ち、見つめ直すことも学んでいきます。

自らの本心と向き合う教育実践の探究が、これまでの教育活動の中で重視されてきたとは言えないでしょう。第二章でも紹介した『涙と笑いのハッピークラス～四年一組　命の授業～』には、次のような場面があります。

六月のある日、クラスで友を軽蔑する動きが見えたことを気にかけた金森は、即座にすばやい対応を取り、授業を話し合いに変更して、ここ最近の友への態度を振り返ってもらうことにしました。その際金森は「みんなの心の中にある、友への軽蔑」と板書しました。

しかし、子どもたちは他人事のように、人の悪口はいけないと述べるに留まったのです。きれい事、教師が正しいと考える答えをこの場では答えておけばいい、と子どもたちは受け取ったのでしょう。道徳教育でよく起こりがちな場面です。この子どもたちの姿勢に対し、以下のように金森は激しく叱責しました。

「かっこよすぎるんだよ。勉強できないからと笑っていたでしょ、自分が。それから、うわさのことにどうして誰も触れない？　自分たちが広めたんでしょ。笑ったんでしょ。自分をえぐらないで、人のことをがちゃがちゃがちゃがちゃ、君たちはそんなに偉いのか」（NHK「こども」プロジェクト『4年1組　命の授業　金森学級の35人』日本放送出版

協会、二〇〇三年、五五頁）

金森は自分の内側にある醜さと向き合うことを強く求め、自分が噂を広め、止めることをしなかった弱さと向き合わせたのです。それ以降、子どもたちは自分のことを語り出しました。自分が悪口を言ってしまった反省、どうして悪口を口にしたのか、本当は悪口を言われるつらさを知っていたのに周りに流されてしまったことの後悔など、時に涙を流して語れなくなるほど、彼らは自分の内側からの声を皆に届けようとしたのでした。

こうして、子どもたちは自分と結びつけて考えられるようになったのです。ここでは教師の促し（金森の場合、本気でぶつかっていく熱い姿勢とも言える）も大きいでしょう。自分を見つめ新たにしていく姿勢が子どもたちの中に芽生えたと考えられます。このような考えは、競争社会に対する新たな生き方を提示するものと言えます。

やる気を引き出すより、自分からの意思を育てるのが大事だ

人間が育つ上で一番大切にしなければならないのは、自分を表現することです。内から湧いてくる感情を一切押し込めて周囲に同調していくようでは、意志のない操り人形のようになってしまいます。立場や地位によっては、本心とは違う言動をしなければならない場合も社会に出ると多々遭遇します。色々な角度から物事をとらえられるようにすることはとても大事です。ただ、そのためにも、まずは自分の思いを大事にできなければいけません。そうでなければ、その人の自尊感情が低いままとなり、押し込められた思いはねじ曲がって、いずれは爆発するか精神を病んでしまうこともありえます。

そうではなく、一人一人が自らの声を獲得（あるいは回復）していけるならば、そしてそれぞれの声が共存し共生していくならば、お互いのつながりが生まれ、競争原理とは違う共同体を作り出していけるのです。そのような空間でこそ、自分の存在は生きる場を与えられて、自尊感情も高まる。そして他者の存在も認め合い、共存できるのではないでしょうか。一人一人が大切にされる社会を形成するためにも、画一的な試験対策でなく、個々の子どもの声を教育に関わる人たちは大事にしていってほしいと思います。

今の学校を中心にした教育は、まったく逆の方向に進んでいます。即答を求め、表面的な言葉だけを交わし、単なる数や文字の操作でストーリー性をつくらず、物事の奥行きを見せないことが多くなっています。

学校を今一番追い立てているのは、学力向上を至上命令とした教育実践の問題です。この学力向上という課題は国の方針として、世界各地で要求され始めています。日本では近年ますますその傾向が強まっていますし、オランダでもその傾向が心配されているのは第三章で確認しました。しかも、この取り組みには短期間における改善（成績の向上）が求められ、教育現場や家庭も巻き込んで対応を迫られているのが現状です。

学びとは、本来は自分に根ざしたものであり、自分から動き出す主体的な行為です。「学び」という言葉は「まねぶ（真似ぶ）」という言葉から派生して生まれたと言われています。本来、人の成長は周囲の人を自ら真似したり、周囲の人に働きかけたりして始まります。赤ちゃんは、大人の口真似をしたりしながら、言葉を習得していきます。

子どもの世界では、誰かが先に遊んでいることに興味を覚え、そこに無理やり入り込もうとしたり、他の子が去った後に同じ遊具を使って遊んでみたりする場面を目にします。他者のしていることを真似ることで、知恵や言葉などなどを身に付けていきます。しかし、子どもにとっては学ぶ必然性も感じられず、興味も湧かず意味も分からない無味乾燥なことをしなければならないのならば、それはもう苦痛でしかありません。

授業の内容が子どもの実感と結びついていないことも頻繁に見られますが、こうした学習内容と子どもの実感との乖離《かいり》が、一層学びの世界を子どもから遠ざけていると言えないでしょうか。

プログラム化された教育は、そのプログラムに従って取り組めれば、見た目は子どもが頑張っているように見えます。しかし、子どもがしたいと思って取り組んだのではなく、既に大人が用意したプログラムに乗っているだけのことが多いのが実情です。お膳立《ぜんだ》てした内容をさせるだけで終わっていないでしょうか。そこに予定外の驚きはありません。どのような新しいメソッドが出てきたところで、それが子どもの興味を引くことがあるとしても、自分からそれをしてみたい、興味があることに取り組みたいという意思を育てていないことが多いのです。

学ぶ側の意思は尊重されているでしょうか。子どもにさせることばかりになっていないでしょうか。自分で考える機会を奪っていないか、私たちは立ち止まって考えることが必要です。

三　学びを再定義する

負のスパイラル

学校は楽しいと思っていても、勉強は辛《つら》い、そう考える子どもは学年があがるとともに増えていきます。学ぶ楽しさ、面白さ、意味を知らずに過ごしてきた子どもたち。おとなしく従順で、しかし積極性もなくどこか無気力。逆に考えてみれば、こうした学びに乗り気にならない態度は、彼らの声にならない悲鳴ではないでしょうか。もっといきいきと学んでほしい。では、より本質的に彼らが学びを面白いと受け止め、学ぶ側の心が自分から動いていきいきしていくにはどうしたらいいのでしょうか。

学びが辛くつまらないものになる理由は、第一に、教えられた内容を理解できない、問題が解けない、が挙げられます。内容を理解するには個人差がある。授業についていけないのに授業が先に進んでしまうと、どんどんと理解が遅れ、一層分からなくなるということです。第二に、学ぶ必然性がない、感じられないこと、学ぶ意味が分からないということ。それを学んで何になるのか、自分の生活とどう結びつくのか、自分との関係性が分からない。だから興味関心も湧かない。第三に、理解度、成績で選別されてしまうことからくる苦痛。とにかくそういう苦痛を極力押し殺して求められる理解を獲得していければよい成績が付くし、仮に疑問を感じたとしてもそれについて目を向けても仕方ない、と考えてしまうのです。

こうした学びの「負のスパイラル」とも言える事態を克服するためには、学びをとらえ直す必要があります。学びをとらえ直す視点を考えてみましょう。

身体感覚をくぐった学びを多くできるか

私たちは五感と呼ばれる感覚を持って日々生活しています。日本の学びは知識の側面に限定されがちで、経験や実感を伴って学ぶ機会はそう多くありません。

しかし、人が成長する上で本当に身についていくことは、身体的感覚をくぐっていることが多いのです。どんなに本で泳ぎ方を学んだところで、プールや海などで実際に体を動かしてみなければ、泳ぎ方を知っているとは言えません。同様に、学んだことが教科書的な言葉のやりとりだけで済まされているとすれば、それはその学び手の身体感覚にまったく根ざしていないと言えます。その人とは直接関係のない情報を一時的に記憶させているだけです。

例えば、歴史を学ぶ時も、何年に何があったのか、と暗記することは多く見られますが、歴史用語の暗記を主とした教育が却って歴史嫌いを助長しているという事実があります。しかし、当時の人たちがどんな思いで暮らしていたのか、どんな苦労をしたりどんな考えで行動したのか、自分の感覚と重ね合わせていけば、歴史上の人物にも共感できますし、時代の理解も深まります。

身体感覚をくぐった学びを多く経験できるかどうかが、学びを豊かにするかどうかの鍵になります。また、学ぶ内容に対して受け身でなく、自ら心を開き感覚を用いて学ぶためには、心身を解放して柔軟にすることが大事です。

金森がよく取り組んだどろんこサッカーやエスケンといった体をぶつけ合うような活動は、活動にのめり込んでいくことで心も解放されていきます。このような活動を金森はフェスティバル的活動と呼んでいます。

教育哲学者の林竹二《はやしたけじ》と演出家の竹内敏晴《たけうちとしはる》の対談『からだ＝魂のドラマ』（藤原書店、二〇〇三年）は、身体性と学びを考える上で示唆に富む本です。竹内の演劇教室に集まる若者から、彼らの欲求と学校教育の現状について以下のように述べています。

（前略）この頃は少なくとも私（辻注・竹内）の（辻注・演劇）教室なんかに来る若者たちは（中略）閉ざされている自分を全身でもっと開きたい。からだ全体を叩きつけての自己表現を何とかみつけたいという願いを持って来る人が非常に多いわけですね。だから役者になることよりも、そういう意味でクリエーティブな何かが自分の中で動き始めて、それで表現する何かがみつかればいいという感じの人々が来るのです。（中略）（辻注・ところが現代の学校では）逆に子どものからだの反応を読みとれずに子どもたちを自閉的に追い込んでいくような、固まったからだの先生が多いということを非常に感じるわけです。（前掲書、六八〜六九頁）

演出家ならではの指摘です。学校は、若者の閉ざされている自分を開いて自己表現を見つけたいという欲求を押し込めているのではないか、と言います。

更に竹内は続けます。「自分の中から外に現れたがっているものを見つけ出し、なんとかそれにことばとしての形を与えて発声するまでの模索というものはものすごく大変な作業」であるけれども、「子どもたちがこうやって考え込んでいる状態は、自分の中に動いているものを名づけることによって、自覚したい、ことばとして形を与えたい、という人間としてもっとも大切な創造作業の最中にある」のだと。正に内側からうごめき外に出ようとする「内なる声」の模索こそが、人間の大切な創造作業であり、このような作業を否定してはならないと言うのです。

こうした観点から、竹内は「『からだそだて』を全教科の基礎とし、かつ『からだ』を人格存在そのものととらえれば、教育全体の目標とも考えうる」と述べています。従来の学校教育を根底から問い直した発想と言えるでしょう。

一切のことと関係なく生きている存在はいない

社会科では、地域のことを調べる地域学習の単元があります。その時に、ただ単に地域の様子を調べるだけでなく、そこに暮らす人々の生活ぶりが見えてくれば、地域を担う意識、自分もその地域の一員であるという感覚を養うことができます。

生活綴方教育の実践者としても知られている教育者の東井義雄は、一九五七年に著書『村を育てる学力』を発表して以来、徹底的に地域社会にこだわった教育者でした。東井は、多くの若者が村を捨てて都市へと出ていく様子を目の当たりにし、村を忌避するのでなく、貧しい中にも希望を見出《みいだ》し、地域のために生きる人を育てよう、地域の人々と手をつなぎあって生きる生き方を選ぶ子どもを育てようと、自らの教育方針を打ち立てたのです。

子どもが主体的に村の発展を担っていけるような、「村を育てる学力」を育てようと、子どもたちに学校のことや地域のことを主体となって受け止める綴方教育を試みました。東井の考えは、学び手の当事者性を強く意識していると言えます。こうした教育実践は、東日本大震災以降、被災地で特に地域復興を目指す上で意識され、また子どもたちの回復のために生活綴方の手法を取り入れた実践も行われています（詳しくは後述）。

当事者は、様々な関係の中で生きています。一切のことと関係なく生きている存在はいません。見えなくなってしまった関係性に目を向けること、切れてしまった関係を修復することと。例えば食育の中心核となる視点の一つは、食をめぐる関係性への視野拡大であり、気づきです。

そもそも私たちが食べている食料はどうやって作られたのでしょうか。どうやって育てられ、あるいは獲《と》られ、どのように加工され、どのように運ばれて私たちの手元にやってきたのでしょうか。命を食べるためには、多くの人の手を介しています。かつての農村部などでは、よく家で鳥や家畜をさばいて食べていました。しかし、今ではスーパーに行けば既に切り分けられた肉が置いてあります。今は、食の基本的な部分が見えなくなっている時代なのです。

言いかえれば、現代社会は、命の循環や人と人とのつながりが見えにくくなっている時代とも言えるでしょう。お店に行けば物が買えるのが当たり前、そんな当たり前が普及したことで、私たちは本来気づいていなくてはならない関係性を見失ってきているように思われます。食育とは、そんな失われたつながりを取り戻すことでもあるのではないでしょうか。関係性と当事者性を学びの中で意識化していくことが、学びの改善を促します。

必然性を感じる

学ぶ必然性を感じられることも、学んだことをよく理解するためには必要です。ルソーの『エミール（上）』（岩波文庫、二〇〇七年改版）第三編に載っているエピソードを紹介しましょう。

ルソーが教え子の少年エミールと、森の位置の観測をしている時、エミールは「それがなんの役にたつのですか」とルソーに尋ねたので、他の勉強をすることにしました。翌朝二人で森を散歩しに行ったのですが、途中道に迷ってしまい、エミールは家に帰れないと泣き始めました。時は既にお昼。そこでルソーはエミールに、影の向きがどこをさしているのかを尋ねて方角を見つけ出させ、無事家のある方向を見つけることができたのでした。

　このエピソードは、知識としてただ教えられると意味が分からなくても、自らの行動や生活に結びついた時にはその学びは必然性を帯びるよい例でしょう。教えられること、学んでいることがなぜ大事なのか、どうして学ぶ必要があるのか、その必然性を大人から子どもに伝えられたら、学びへの意欲は増すことでしょう。

「学びからの逃走」は防げる

以上の三点を総合して言えば、実感を通して学ぶこと、自分と結びつくことが学びを豊かにする、と言いかえることができます。

　この本の中で紹介した様々な教育実践は、教室の中だけで話が完結していません。教室に留まらず、外に向かっている子どもたちの思いがあります。もっと広く社会へ、自然へ、他者へ目を向けています。そしてその視線は自分へも向かっていっているのです。学びが自分と結びついています。

　教師の仕事の一つは、子どもの心を外や内にも向ける機会を作ることです。単に教科書の内容を教えるだけではないのです。子どもたちが動き出す原動力を与えられるのも教育の力であり、生きる希望を与えられるのも教育の力です。一人一人持っている力が育つのを励ます。それが教育者の役割です。

よく算数などの時間に、教科書や問題集に載っている問題をただ解く場面があります。こうした場面では、多くの子どもは公式の原理を理解したり、実際の生活場面と結びつけて考えることはせず、大抵の場合、教えられた公式に当てはめて数の操作をしているだけです。例えば、問題の中に五メートルと出てきたら、実際五メートルがどのくらいなのか実測しながら問題を解けばいい。そうすれば、教室の大きさや距離の感覚が身につきながら学ぶことができます。

金森は「九九やかけ算を覚え、計算できるようになった子どもたちと自分たちの暮らしに結びつけることのできる大きな数字の計算にチャレンジ」し、一歩約五〇センチメートルから一日に歩く距離を見積もり、小学校六年間で歩く距離を考えさせました。その距離が石川《いしかわ》県から南アフリカまでに等しいことに一同驚いています。それと同時に、どこまでも歩いて行ける人間の足の可能性に感動を覚えています。また別の場面では、一キロが一〇〇〇メートルであることを実感させるために、計測器を持って子どもたちと一緒に一キロを歩いてみるという取り組みもしています(金森俊朗『いのちの教科書』『希望の教室』参照)。これこそ実感を伴う学びであり、こうした学ぶ面白さを知ることができれば、「学びからの逃走」は起こりえないと私は思います。

計測器を持って子どもたちと歩く

どの子もみな「生活の論理」を持っている

先ほども紹介した東井義雄は、自身の教育思想を「生活の論理」「教科の論理」という言葉で表現しています。「子どもは、でたらめに感じたり、思ったり、考えたり、おこなったりするのではなくて、その子なりのすじみち、論理をもっている」（東井義雄「『生活の論理』を重視することの意味——子どもの感じ方・思い方・考え方・おこない方——」『現代教育科学』第二七〇号、一九七九年七月）と考える東井は、論文の中である教師と児童のやりとりを紹介しています。

小学二年の算数の時間に、お母さんから二〇〇円預かって買い物に行き、最初に九五円、次に三〇円、最後に三〇円支払ったらおつりはいくらになったか、という問題を教師が出題しました。ほとんどの子どもは二〇〇から九五、三〇、三〇と順々に買った物の代金を引いていって答えを出すか、九五と三〇と三〇を最初に足してから、二〇〇から引いて答えを出しました。ところが、ある児童は最初に一〇〇から九五を引き、次の式では再び一〇〇から三〇を引き、更に五〇から三〇を引き、最後に二五と二〇を足して答え四五円と出したのです。担任の教師は最初この式の意味が分からず、もう一度考え直せと迫ったところ、その子は「これ以上考えられるかい！」と怒り出したというのです。

よくよく話を聴いてみると、その子の考えはこうでした。つまり、二〇〇円もらったと言っても、二〇〇円硬貨などなく一〇〇円玉二枚だったとその子は考えたのです。だから、最初の買い物では一〇〇円玉を使って九五円の買い物をし、おつりで五円残りました。次に別の一〇〇円玉で三〇円の物を買い七〇円のおつり。七〇円というのは五〇円玉と一〇円玉二枚と考え、次に五〇円玉から最後の買い物である三〇円を支払い二〇円のおつりをもらいました。ポケットには五円と二〇円が残っているから、合計で四五円だ、と説明したのでした。

このエピソードから、東井は、子どもの気持ちを理解しないで「困った子」と評価することが、子どもを非行に走らせたり自殺に追いやったりするのではないかと述べています。どのような子もみな「生活の論理」を持っています。その子の生活に根ざした発想こそ、その子の生き方に直結した生きた学びへの通路となります。ところが、その「生活の論理」が無視されたり放置されたりすることで、子どもたちは心を閉ざしていくのです。

　東井は、こうした子どものことを理解しない教師こそ「困った教師」である、と述べています。そして「生活の論理」を基盤として、それを「教科の論理」によってとらえ直すことにより、子どもの学びは「血肉化」していくのです。

　東井は「ほんものの学力は、『人間』とともに育っていく」とも述べています。ある若い母親が三歳の女児を連れて東井のところに訪ねてきた時、一〇まで中々数えられないから風《ふ》呂《ろ》で特訓していると伝えたそうです。それに対し東井は「そんな無理なさると、子どもさんをだめにしてしまいますよ」とたしなめました。なぜなら、まだ多い少ないの見極めも曖昧《あいまい》な子に無理やり数を覚えさせても意味がないからです。それよりも「近所の子どもさんと遊ばせなさい。そしておやつをあげるときにも、自分の子どもだけなんてケチなことを考えないで、みんなにわけさせるのです。」そうすれば、自然と「多い、少ないの観念も、一つ、二つの観念も、ほんとうに生きた力が育ってくる」と母親に諭しました。無理やり詰め込んで記憶させても意味はなく、その子の日常で必要を覚えれば自然と身につく、ということです（この段落は東井義雄『いのちの根を育てる学力　人間の回復』国土社、一九八七年参照）。

　東井の目指した「村を育てる学力」「生きてはたらくほんものの学力」「入学試験用の点取

り学力などではない学力」とは、子どもの生活実感を伴った主体性を伸ばすことを指しており、こういう学力を目指すのでなかったら「人間の回復」は難しい、とも東井は記しています。つまり、感覚や感情、知性を動員して体を通った学びによって人間を育てることが、東井の追究した教育思想です。

ここにも、教育遺産の継承が見られます。自分の「生」と結びつけながら、実感をもとに学ぶことができれば、教科として学ぶ意味も納得し、生活とのつながりを意識して理解することができるのではないでしょうか。

四　教育遺産は受け継がれている

最後に、子どもたちが輝く教育遺産の精神を受け継いでいる教師たちの教育実践を紹介します。

渡辺恵津子の実践「雑木林を切らないで」

埼玉《さいたま》の元小学校教員、渡辺恵津子《わたなべえつこ》の実践を、その著書『競争教育から〝共生〟教育へ』（一声社、二〇一六年）から紹介します。子どもの「内なる声」を大事にしながら、実感を伴う楽しい学び、子どもが主人公になる学びを長年展開してきました。その中で、子どもたちが小学校卒業後も学んだことを生きる土台にしていたという事例です。

学校に隣接する雑木林は虫や草花など自然の宝庫で、五年生学級の子どもたちもよくそこで幼虫を捕まえたり、ドングリやアケビを拾ったりしていました。ところが六年生になった時、市からの知らせでその雑木林が小学校の一部になるため、そこに飼育小屋を置くと伝えられたのです。そのことを聞いた子どもたちは、市役所に木を切らないよう嘆願の手紙を書いたり、雑木林をどうするか学級で話し合って生物や植物などについて調べます。学級として討論会をした結果、「観察のゾーン、収穫のゾーン、遊びのゾーンを作る」ことと「飼育小屋は他の所に作る」ことを校長に提言したのです。子どもたちの提言も受け入れられ、雑木林の工事は縮小されました。

更に六年後、再びこの雑木林が再開発され、学童保育所を作るという計画が持ち上がった時も、当時の学級にいた卒業生有志が改めて役所に再開発の見直しを要望しました。役所には当時の課長さんもまだいらしたということもあり、再び計画は変更され、一部のみを伐採して学童保育所が作られました。その要望を出した中心メンバーの大学生は、今度は学童保育所の指導員となって、子どもたちに虫や植物のことを教え、子どもたちの放課後生活を支えたとのことです。

この実践は、正に子どもたちが内側から湧いてくる思いに突き動かされて、学びをみんなで作り上げていく生活教育そのものです。ここには学びの当事者性、必然性、身体性すべてが含まれています。

子どもが保護者や地域を動かした金森実践

金森実践にも、子どもたちが山に木を植えようと自分たちから動き出し、保護者や地域の人たちも一緒に活動を始めた実践があります。

「日本の水産業」を扱う社会科の単元の中で金森は、海を豊かにするために森に木を植える畠山重篤《はたけやましげあつ》さん（宮城県気仙沼《けせんぬま》市在住、牡蠣《かき》養殖業）の取り組みを紹介しました。森からの栄養分たっぷりの地下水が海に流れ込むことで、海が豊かになって魚を殖やします。そのような命のつながりを、子どもたちだけでなく同僚や保護者、市民も感動して学んだのでした。すると、この授業のビデオが保護者によって気仙沼の畠山さんに届けられ、石川県漁協が講演に招いた時に、わざわざ畠山さんご自身が来校し、五年生全体と親子に特別授業を実施しました。

畠山さんの話を直接聴いた子どもたちは、今度は自分たちが植林したいと強く願うようになり、周りの大人たちを動かすことになりました。六年生に進級した子どもたちは、石川県白峰《しらみね》村の若い林業従事者を招き林業の実態とその仕事を学ぶ機会をつくりだしたり、県山林種苗協同組合からスギの苗木五〇〇株をプレゼントされたりして、六年生一〇七人で植樹を実現したのでした。また、保護者もこうした授業に非常に協力的で、畠山さんとの出会いをきっかけに結成した市民学習サークルで白山麓《はくさんふもと》にブナを植えることも実現しました（金森俊朗「植樹の夢と、実現を創り出した『森は海の恋人』の学習」『生活教育』第五七六号、一九九六年及び金森『いのちの教科書』角川文庫、二〇〇七年、一九三～一九五頁参照）。

なぜ子どもたちは植樹という行動をしたのでしょうか。一つには授業の面白さでしょう。子どもたちがワクワクするような、興味をかき立てる授業だったということです。

しかし、金森一人で作り上げた実践ではありません。授業を一緒に受けていた（研究授業参観者の）同僚や保護者も授業に感動し、保護者が今度は畠山さんと金森をつなげるという橋渡しをしました。そして授業で紹介された畠山さんが実際に子どもの目の前に現れたのですから、自ずと子どもたちの植樹への思いは強まっていきます。子どもの思いをかき立てたのは授業であり、保護者の応援であり、本物の人物との出会いであったと考えられます。

白木次男、制野俊弘の被災地での生活綴方教育実践

多くの傷跡を残した東日本大震災。二〇一一年三月一一日の出来事は、決して風化させて

はいけないでしょう。傷ついた心を持っていながらも、なかなか人には思いを打ち明けられず心をふさいで、周囲の期待に応えようとする子どもたちの姿が見られるようになりました。そんな子どもたちの心を解きほぐすために、生活綴方の手法を用いて授業を展開した二人の教師を紹介します。

福島県南相馬《みなみそうま》市の小学校教諭だった白木《しらき》次男《つぎお》は、生活綴方教育を受け継ぎ実践してきた教師の一人です。著書『それでも私たちは教師だ』（本の泉社、二〇一二年）にはその豊かな実践が記されています。

地震と津波だけでなく原発事故による避難を強いられ、南相馬市は市の南部を中心に約三分の一の地域が避難指示区域や居住制限区域に指定されていました（二〇一六年七月一二日に避難指示区域解除）。

震災時、白木の勤務していた小学校は避難指示区域外ではありましたが、震災直後は他の小学校を間借りし、四月半ばに遅れて始業しました。ただし、一つの小学校に四つの小中学校が間借りしての再開ですから、多くの「日常」が奪われた中で新年度を迎えたのです。

白木は「書くことは急がせまい」と注意しつつ「悲惨なありさまや死へのおそれ、家族や知人を亡くした深い悲しみを受けとめ、とらえ直せるようになるには、時間とともに、何よりもそっと背中を押してくれる、安心できる大人がそばにいることが必要なのだ」と考え、

「仲間とともに読み合い、共感、共有する喜び」を学級にもたらしたいと願い、折に触れ作文や詩を書く時間を設けました。

九月に六年生の女児が「あの日からのおくりもの」という作文を書いてきたので、みなで読み合う授業をしました。克明に震災直後の様子を綴ったこの作文は、クラスの子どもたちに様々な反応を引き起こしました。悲しみ、後悔、迷い、感謝……、それぞれが自分の思いを言葉に託して語り合うことができたのです。

もちろん簡単に整理することはできません。しかし、その授業を見ていた同僚が「今日の授業は浄化（カタルシス）だったね。4月に学校が再開されたころは、硬い表情を崩さなかった子どもたちが、ここにきて、初めて心から泣くことができた」と述べているように、心に閉じ込めた思いを少しずつでも語ることの大切さと、それを受け止めてくれる仲間がいることのありがたさを子どもたちは実感できたのではないでしょうか。

宮城県東松島市立鳴瀬未来中学校教諭（保健体育）だった制野《せいの》俊弘《としひろ》も、中学三年生八二人を対象にして、被災経験と今心に秘めている思いを作文に綴らせ、交流させる取り組みをした教師の一人です。その様子はＮＨＫスペシャル『命と向きあう教室─被災地の15歳、1年の記録』という題で放映され（二〇一五年三月二九日放送）、その実践は著書『命と向きあう教室』（ポプラ社、二〇一六年）にまとめられました。

中学三年生の彼ら（二〇一五年三月卒業）は、東日本大震災の時には小学五年生でした。高学年として過ごしていた被災直後から四年経っても、彼らの中には言えない思いがあり、お互いに相手を気遣って聞けない雰囲気も蔓延《まんえん》していました。震災を経験した人たちにとって、特に家族や身の回りの人の死に直面したり家や生活環境を奪われたりした子どもたちにとって、震災の経験は絶望しかなかった世界です。

心の傷は見えません。しかし悩みや苦しみをすべて封印してしまうことがいいことなのか、普段見えないようなところに手が届くような教育実践をしたいと考えた制野は、震災体験の作文を書く取り組みを始め、「命とは何か」を考え合う授業を月一回進めていくことにしました。

リーダー的存在で、いつも明るくクラスを盛り上げている女子生徒のAさんは、震災で母親を津波で亡くし、父親も津波で行方不明という重たい現実を経験していました。だが、その悲しみをクラスの皆の前で見せることはそれまでなく、「何も聴かないで」という雰囲気を醸し出していたそうです。しかし、夏休みが終わって九月になり、Aさんは初めて抱えている思いを綴ってきました。「光が届かないほど深い暗闇に閉じ込められた気分」になり、「もう何もしたくない」「生きたくない」などと思ってしまう時に、父母が目の前に現れ、Aさんは「お父さんとお母さんの方に手を伸ばそうと」してしまう。「届くことはないと実感しているのに手を伸ばし続ける自分が嫌です。（中略）悪循環をあの日から繰り返していま す」。心のどこかで父母に頼っていることが嫌だと綴ったのでした。

どうしてこのような作文を書こうと思ったのでしょうか。正確な心境は分かりませんが、恐らく他の生徒の作文から、心に奥深く封じていた思いを語ってもいい、と感じたのでしょう。また、制野をはじめ教師たちが生徒を受け止めようとしていたことも大きかったのではないでしょうか。

一方、ある女子生徒は率直に「どれだけ自分ががんばろうと（辻注・人の経験、苦しみや悲しみを受け止めようとしても）結局、他人事になってしまう」と語りました。心に素直になって語られた言葉です。

一年の実践を通して、心の底に沈んでいる思いに触れていいのか分からない状態から、みんなで共感し乗り越えていくようになりました。制野は「答えなんて出ない、一生の宿題」と卒業前最後の授業で語り、締めくくっています。

制野実践の取り組みは、作文以外にも特徴があります。体育専科の教員として、文化祭では民舞「みかぐら」に取り組みました。制野はこの民舞を通して「震災の傷で萎縮している子どもたちの心を解放し、不自由さの中でも心身の自由を見つける楽しさを感じ取ってほしい」と願い、「踊りを『自分』化させながら自由に空間を創ること」、「自分を踊りきる」ことに徹することを追求したのでした。「自己」を取り戻しつつ、「共同」で作り上げる。この取り組みが生徒の心身を解放し、前に進む力をも生みだしたのです。

また、「運動会を地域復興の第一歩とし、将来この地域を支える人間として必要な力を身に付けさせたい」との願いから、運動会では被災した方々が聖火リレーをすることが企画されました。それは「聖火を持って走ることはそのまま復興のシンボルになる」と考えられたからです。この運動会の場面をある女子生徒は次のように綴りました。

火がつくとともに、頑張れと心の中で何回も思いました。そして炎が灯ったとき、これは津波の犠牲者と私たちの希望の炎、希望の光なんだと思いました。……この運動会にはちゃんと意味があるのだと思いました。運動会の最後の紙飛行機を飛ばしたとき、生き残った自分たちは亡くなられた方々の分まで精一杯生きようと思いました。（制野俊弘「学校を人間と地域の再生の場に―狼煙《のろし》とともに」『人間と教育』第七三号、二〇一二年）

心の奥底にある思い、特に被災して様々に積み重なりまた閉じ込められた思いが、聖火リレーや紙飛行機を通して表現されるようになったのです。こうした一つ一つの行いが生徒たちにとっても心を解き放つ「癒し」となり、また心の浄化にもつながっていったと考えられます。

五　自分と自分を取り巻く世界を読み解く

Education という言葉は「引き出す」という意味

教育の目的を考える時に最も大事なのは、その教育が誰のために行われているのか、という点です。最も大事にされるべきは本人の心であり、思いであり、意志であり、誰もが希望を持って生きられることではないでしょうか。そのためには、まずは存在が認められ「内なる声」が育つこと、そして生きる楽しみ、つながりあう喜びを見つけることが大切になります。

出会いは人生を豊かにします。子どもは親を選べず、教師も選べません。大人の側でどれだけ、豊かな出会いの機会を子どもに提供できるかが子どもの成長の大きな鍵になります。出会いは様々な経験でもあります。本でもあり、人でもあり、自然や文化など、様々な世界の中に関わってみることです。外からの刺激によって内側から動き出す力を育てることが、これからの教育に一層必要になります。子どもの姿が変われば、大人も応援したくなるものです。もっと一瞬一瞬が大切にされてほしい。学びは教科書や授業の中だけにあるのでなく、世界とつながっているのであり、つながっていくものです。また、「共に生きる」という視点で学ぶことが自分や仲間や社会（環境）を豊かにもするのです。

Education という言葉は「引き出す」（元々は、赤ちゃんを産み育てる「産育」を指したとも言われています）という意味です。ところが、日本では明治時代にこの言葉が紹介されて「教育」と訳された時に、「上から教え諭す」という意味合いが強くなってしまいました。ですから、私たちは今こそ語源に立ち返って、子どもの「内なる声」が引き出される環境を整えて待つことが重要なのです。そのような教育は「共育」「響育」「協育」と言いかえてもいいでしょう。

そこで教師に求められるのは、学ぶことの楽しさ、学問の奥深さを伝え、子どもの中にある好奇心を尊重して伸ばす取り組みです。また、親には、多くの経験を積む機会を保障してあげてほしいのです。お金をかける必要はありません。子どもへの声かけを日頃からしていただきたい。できれば、自ら何かを追究する姿、何かに熱中する姿を子どもに見せていただくと、なお素晴らしいです。子どもをせき立てるのでなく見守ることが大切です。教育とは時間がかかり、すぐには成果が出ないものだからです。

今の学校で、児童の村のように子どもが自由に時間割を決めることはできません。既に定められた教育内容を、限られた時間の中で着実に進め教えていかなければならないのが現在の学校教育です。行事など、しなければならないことも恐ろしい程にあります。しかし、まったく不可能かと言えば、そうではないはずです。わずかの時間にも教師が工夫して取り組めることがあるでしょう。保護者も含めて、子どもが変わる瞬間を待ち望みつつ、一日五分でも何かに取り組めば、何かが変わることがあるものです。

学んでいることが自分の生きている事実（存在）に直結し、自分の生き方に影響を及ぼすような学びは、その人にとって忘れがたいものになります。逆に学びの中に自分が存在しない、自分とは関係の見えないところで、学びが進行しているように見えると、学びがつまらなくなるものです。何より、学びは楽しいものであることを伝えて欲しいと思います。やらされているのではなく、大人が学問の世界を探究すること、未知なる世界を知ることの楽しさを伝えられたら、学びは決して押しつけにならず、内側から動き出すものになるでしょう。

金森俊朗は、自分の著書の一冊に『希望の教室』というタイトルを付けています。金森の言う「希望」とは何でしょうか。直接「希望」とは何かを説明している箇所はありません。しかし興味深いことに、本文中に学力と「希望」ということばを結びつけて語っている箇所があります。

学力とは、自分と自分を取り巻く世界を読み解き、それを自分のことばで表現し、他者に伝え、交流し合う力だと私は考えている。（中略）それら（辻注・知識の暗記や数の操作）は、自分の存在やこれから生きる社会や自然にどのような希望があるかを見出す力として発揮されなければならない。（金森俊朗『希望の教室』角川書店、二〇〇五年、一六六頁）

ここに、これからの教育が目指す方向性が示されているのではないでしょうか。

あとがき

見渡す限りの牧草地に、風車の立ち並ぶ農作地や無数の風力発電用風車が並ぶ平原。時には、それら起伏のない道路を朝早くから夜遅くまで走り回ったオランダ滞在。途中、牛たちがのんびりと草を食べている牧歌的な風景に心和ませつつも、次に向かう場所はどんなところだろう、と期待と不安が交錯していたのを覚えています。

本文でも紹介した通り、どの会場にも大勢の人々が集まり、金森の講演や訪問を心待ちにしてくれていました。何より、スタッフの皆さんが本当に献身的で、温かく私たちをもてなしてくれました。それだけ、金森教育実践に共感した人がオランダに多く存在していたということです。

オランダだけが特別なのではありません。滞在中には、他の国からも取材を受けました。金森学級で繰り広げられた取り組みは世界に通用する普遍性を持っている、と肌で感じられたオランダ滞在でした。

私が金森実践に出会ったのも、オランダはじめ各国の方々と同様に、『涙と笑いのハッピークラス』がきっかけでした。振り返って見れば、私にとってもこの番組との出会いは、とても大きな出来事でした。この番組をご覧になった方々からは、感動や共感の声がNHKに数多く寄せられたそうですが、この本をお読みくださった皆さんも、金森実践に興味を持たれ、驚嘆されたのではないでしょうか。

少し個人的な話になりますが、私とこの番組との出会い、そして金森俊朗との出会いについて、述べたいと思います。

私は、親の意向で小学校低学年から塾に通わされ（かといってとりたてて裕福な家でもなく、かなり苦労して親が子育てをしていたことは、後で分かりました）、当時は中学受験に向けて勉強勉強の毎日でした。今思えば、私の将来を心配しての親心だったと理解できます。しかし、正直、受験勉強は苦痛でした。あまり暗記は得意ではありませんでしたし、テレビを見る時間も遊ぶ時間も削られて塾に行かなければならなかったのは、子どもながら本当に嫌だったのです。それでも順位やクラスが上に上がれば嬉《うれ》しく、知らず知らずのうちにそうした競争社会の中に放り込まれていたと言えます。この勉強地獄、塾通いは、結局中学受験に失敗して公立中学に通うことになったため、更に三年間延長になりました。

中学に入ってからは、ある意味割り切って受験勉強に向き合った結果、大学直結の高校に入れたことで、受験勉強から解放されました。

受験を意識しなかった高校時代に出会った教師はみな個性的で、自分の好きなことや専門分野の話を楽しそうに話していたことを覚えています。今から思えばその時だったのでしょう、受験勉強とは違う楽しい学びがあることに薄々気づいたのは。

その後、大学院まで進み、家庭も持ち、マンション暮らしを始め、妻と共働きで子育てを始めました。まだ非常勤講師で生活は大変でしたが、生活は充実していました。ところが、そこでトラブルに遭遇します。下の階の住民に、子どもの足音がうるさい、と苦情を言われたのです。これは私たち夫婦にとって、相当のストレスになりました。

『涙と笑いのハッピークラス』に出会ったのは、そのような時でした。たまたまテレビをつけたら（ある種の運命だったのかもしれないと勝手に思っています。なにせ、自分の誕生日の放送でしたので）、ちょうど番組が始まるところでした。冒頭に写し出された子どもたちの様子を見た瞬間、直観でこれは録画もしなければいけない、と思いました。視聴後には、大きな感動を覚えました。

何に驚き感動したのかと言えば、子どもたちの表情が生き生きしていること、言葉を表面的に繕うのでなく思いをストレートに表現していること、教室の子どもたち皆がそれぞれに認められて仲間としてまとまっていること、クラスがとても楽しそうなこと、といったところでしょうか。自分が経験してみたい教室の風景がそこにはありました。教育とはこうあるべきだ、こんな教育が広まれば、もっと学校も楽しくなるのに……。

現実は、とても子育てのしにくい時代になってしまっています。「子どもの声がうるさい」と保育園を作ることに反対する地域があるとも報道されています。子どもが思いっきり駆け回り、自由に遊べる空間が本当に減りました。そのような中で、金森学級の子どもたちは思いっきり校庭でどろんこになり、雪の日には雪遊びに興じ、川にも物怖《ものお》じせず飛び込みます。そして、子どもたちの顔には満面の笑みがありました。

何より私が注目したのは、自分を繕わせない教育方針です。第六章でも紹介したように、皆がそれぞれを認め合って助け合う人間関係の基として、自分を徹底して見つめさせ、自分の醜い部分でさえも自然に語り合っていた場面が一番衝撃的でした。そのような教育場面を、私は見たことがありませんでした。一体、この金森という教師はどんな人物なのか。そのような興味を抱きました。

不思議な導きによって、番組の五年後には同じ職場の同僚として働かせてもらえることになり、一番近くで金森という教育者の思想と実践を学ばせてもらえる機会に恵まれました。

大学の授業でも金森実践の力を目の当たりにしました。金森が率先して声を出す、アクションをする、学生一人一人に声をかけ応答を大事にする、そうすることで教室に一体感が生まれるのです。学生の心が開き、授業に集中する、そのような場面を何度も直《じか》に見ました。ある学生は他の講義では学習態度が悪かったものの、金森の授業にはレポート用紙にびっしり文章を書いてきました。教員たちは驚嘆したものです。そして、大学の授業でもこれほど講義が豊かな内容になるものなのか、と思い知らされた教員有志によって大学の授業について検討する研究会も行いました。

それだけでなく、学びのあるべき姿についての探究を、過去や現在の教育実践から分析し、共同研究も重ねてきました。その中で、本書でも書いたように、生活綴方《つづりかた》や生活教育がこれからも受け継がれるべき歴史的教育遺産であることが分かってきました。本書は正に私たちが手がけてきた共同研究の一つの成果です。

生活綴方はそれこそ繕う文章でなく、本心で考えたこと、思ったこと、つまり本音を綴《つづ》らせます。自分の声を大事にすることは、自分を大事にすることです。他者の声に耳を傾けることは、他者を大事にすることです。この精神が金森実践には生きているのです。

今の競争社会、ストレス社会で見失われたものが、本書で紹介した教育遺産の中に、豊かに残っているのではないでしょうか。どうしたら共生する社会を作っていけるのか。気づいた大人同士が支え合うこと、声を出し合うことが大事になると考えています。だからこそ、

「内なる声」を育てていきたいと願っています。

世界の動向を見ると、どうも今は逆の方向へ向かって行ってしまっているようです。先行きが見えない、物騒な事件が起こる、自然災害もいつ来るか分からない、生活も楽にならない、そのような社会で不安や怖れを感じている人も少なくないかもしれません。社会の不安定さを払拭《ふっしょく》しようと、今世界では保護主義的でナショナリズム的な言動をする指導者も増えてきています。

また、自国を守ろうとして、「危険」と見なされた存在を排除する傾向が強くなってきています。一つの社会や国家内における同調意識が強まっているのです。

しかし、こうした対策は「異質」を際だたせて、却《かえ》って社会内に対立を生むだけです。それに、このような事態がエスカレートすると、安全管理という名の下、人々への監視が強まり、言動が制限されるようになってしまいます。そうなれば、社会的雰囲気なる下で、個々人が発言を自制してしまうことにもなります。

言葉を奪われた人々が、もはや支配者の意向に従って生きるしかなくなっていくのは、第五章でも紹介した小説『銃口』で描かれた通りです。

そのような時代に、本書が刊行される意味はどこにあるのでしょうか。

現代社会の様々な方策は、本質論よりも、目の前の物事の事態や傾向に対処することに終始し、結局、時流に振り回されるだけで終わっているものが多いのではないでしょうか。それは教育界も同じです。

子ども一人一人が輝く教室が増えていけば、社会はもっと住みやすくなると思います。少なくとも、そこに将来への希望を見出《みいだ》せるのではないでしょうか。気付いた人が声を上げ、意識を持って取り組めば、小さな動きでも社会を変えていく力になります。

ですから、子どもが子どもでいられる空間、自分になれる時間を保障してほしい。自分の声を大事にしてほしい。共感する仲間の輪を広げていってほしい。学校そのものを一足飛びに変えることができないなら、意識を持った保護者や教師たちが子どもの成長を少しでも豊かになるよう、わずかなことからでも働きかけていってほしい。これが、私たちの願いです。

そうすれば、きっと子どもたちの生きる場所は豊かになっていくと信じています。

最後になりましたが、出版事情の厳しい中、この出版企画を後押ししてくださった編集部の岸山征寛さんに心から感謝申し上げます。

二〇一七年二月末日

辻　直人

主要参考文献一覧

池上彰『池上彰の「日本の教育」がよくわかる本』ＰＨＰ文庫、二〇一四年
宇佐美承『椎の木学校　「児童の村」物語』新潮社、一九八三年
恵那綴方の会編『恵那の子ども』百合出版、一九五二年
ＮＨＫ「こども」プロジェクト『4年1組　命の授業　金森学級の35人』日本放送出版協会、二〇〇三年
大田堯『大田堯自撰集成1　生きることは学ぶこと―教育はアート』藤原書店、二〇一三年
数見隆生編著『子どもの命は守られたのか』かもがわ出版、二〇一一年
金森俊朗、村井淳志『性の授業　死の授業』教育史料出版会、一九九六年
金森俊朗『いのちの教科書』角川文庫、二〇〇七年
金森俊朗『希望の教室　金森学級からのメッセージ』角川書店、二〇〇五年
金森俊朗『子どもの力は学び合ってこそ育つ―金森学級38年の教え』角川書店（角川ｏ

neテーマ21)、二〇〇七年
暮しの手帖編集部編『戦争中の暮しの記録　保存版』暮しの手帖社、一九六九年
黒柳徹子『窓ぎわのトットちゃん』講談社、青い鳥文庫、一九九一年
小西健二郎『学級革命』牧書店、一九五五年（宮原誠一・国分一太郎監修、美作太郎編『教育実践記録選集　第三巻』新評論、一九六六年）
佐野眞一『遠い「山びこ」—無着成恭と教え子たちの四十年』新潮文庫、二〇〇五年
佐竹直子『獄中メモは問う　作文教育が罪にされた時代』北海道新聞社、二〇一四年
白木次男『それでも私たちは教師だ〜子どもたちと共に希望を紡ぐ〜』本の泉社、二〇一二年
制野俊弘『命と向きあう教室』ポプラ社、二〇一六年
竹内敏晴、林竹二『からだ=魂のドラマ　「生きる力」がめざめるために』藤原書店、二〇〇三年
辻直人、金森俊朗『「生きる力」につながる教育実践創造の歴史と現状について』北陸学院大学・北陸学院大学短期大学部二〇〇八年度共同研究、二〇〇九年三月
辻直人、金森俊朗『「生きる力」につながる教育実践創造の歴史と現状について（2）』北陸学院大学・北陸学院大学短期大学部二〇〇九年度共同研究【Ⅱ】、二〇一〇年三月
辻直人『「生きる力」を育てる教育実践の系譜に関する研究』二〇一〇年度北陸学院大

学・北陸学院大学短期大学部共同研究成果報告書、二〇一一年四月
辻直人、金森俊朗「オランダ学校教育の現状と課題―「涙と笑いのハッピークラス」はどう受け止められたか―」『北陸学院大学・北陸学院大学短期大学部研究紀要』第五号、二〇一三年三月
土田茂範『村の一年生』新評論社、一九五五年（宮原誠一・国分一太郎監修、美作太郎編『教育実践記録選集　第二巻』新評論、一九六五年）
寺崎弘昭「教育と学校の歴史」、藤田英典、田中孝彦、寺崎弘昭『教育学入門』岩波書店、一九九七年
東井義雄『東井義雄著作集1　村を育てる学力他』明治図書出版、一九七二年
東井義雄『いのちの根を育てる学力　人間の回復』国土社、一九八七年
中野光『大正自由教育の研究』（教育名著選集⑥）黎明書房、一九九八年
野村芳兵衛『野村芳兵衛著作集2　新教育に於ける学級経営』黎明書房、一九七三年
灰谷健次郎『わたしの出会った子どもたち』角川文庫、一九九八年
灰谷健次郎『子どもに教わったこと』角川文庫、二〇〇〇年
はらたいら『最後のガキ大将』フレーベル館、一九八六年
古荘純一『日本の子どもの自尊感情はなぜ低いのか　児童精神科医の現場報告』光文社新書、二〇〇九年

三浦綾子『光あるうちに—道ありき（三）信仰入門編—』新潮文庫、一九八二年
三浦綾子『銃口』全二巻、小学館文庫、一九九八年
無着成恭編『山びこ学校』岩波文庫、一九九五年
森健（企画・取材・構成）『つなみ　被災地のこども80人の作文集』文藝春秋八月臨時増刊号（第八九巻第八号）、二〇一一年
ルソー（今野一雄訳）『エミール』全三巻、岩波文庫、二〇〇七年
矢口高雄『ボクの学校は山と川』講談社文庫、一九九三年
矢口高雄『ボクの先生は山と川』講談社文庫、一九九五年
吉村昭『三陸海岸大津波』文春文庫、二〇〇四年
渡辺恵津子『競争教育から〝共生〟教育へ　仲間と育ち合う教室づくりのヒント』一声社、二〇一六年

本書は書き下ろしです。
本文中に登場する方々の肩書きは、
いずれも執筆時のものです。

金森俊朗（かなもり・としろう）

1946年石川県能登生まれ。金沢大学教育学部卒業後、小学校勤務38年間を経て、北陸学院大学教授。現在はいしかわ県民教育文化センター理事長、日本生活教育連盟拡大常任委員。「仲間とつながりハッピーになる」という教育思想をかかげ、人と自然に直に触れ合うさまざまな実践を試みる。80年代より本格的にいのちの教育に取り組み、日本で初めて小学生へのデス・エデュケーションを実施し、大きな注目を集める。その教育思想と実践は、教育界のみならず、医療・福祉関係者からも「情操教育の最高峰」と高い評価を受けている。2020年逝去。

辻　直人（つじ・なおと）

1970年東京都生まれ、和光大学教授。慶應義塾大学経済学部卒業、東京大学大学院教育学研究科博士課程修了。博士（教育学）。専門は教育史、教育学。主著は『近代日本海外留学の目的変容　文部省留学生の派遣実態について』（単著、東信堂）、『キリスト教学校教育同盟百年史』（共編著、教文館）。

学《まな》び合《あ》う教室《きょうしつ》

金森学級《かなもりがっきゅう》と日本《にほん》の世界教育遺産《せかいきょういくいさん》

金森俊朗《かなもりとしろう》　辻《つじ》　直人《なおと》

2017年4月10日　初版発行
2025年5月15日　3版発行

◆◇◇

発行者　山下直久
発　行　株式会社KADOKAWA
〒102-8177　東京都千代田区富士見2-13-3
電話　0570-002-301（ナビダイヤル）

装 丁 者　緒方修一（ラーフイン・ワークショップ）
ロゴデザイン　good design company
オビデザイン　Zapp!　白金正之
印 刷 所　株式会社KADOKAWA
製 本 所　株式会社KADOKAWA

角川新書
© Toshirou Kanamori, Naoto Tsuji 2017 Printed in Japan
ISBN978-4-04-082135-1 C0237

※本書の無断複製（コピー、スキャン、デジタル化等）並びに無断複製物の譲渡および配信は、著作権法上での例外を除き禁じられています。また、本書を代行業者等の第三者に依頼して複製する行為は、たとえ個人や家庭内での利用であっても一切認められておりません。
※定価はカバーに表示してあります。

●お問い合わせ
https://www.kadokawa.co.jp/（「お問い合わせ」へお進みください）
※内容によっては、お答えできない場合があります。
※サポートは日本国内のみとさせていただきます。
※Japanese text only

KADOKAWAの新書 好評既刊

暗黒の巨人軍論

野村克也

ジャイアンツのスキャンダルが止まらない。野球のレベル低下も止まらない。球界の盟主に何が起こっているのか？「巨人軍は常に紳士たれ」ではなかったのか？ エリート集団堕落の原因はどこにあるのか？ 帝国の闇を野村克也が斬る！

「革命」再考

資本主義後の世界を想う

的場昭弘

「資本主義の危機は、勝利の美酒に酔ったときに始まった」。皮肉なことにソ連崩壊後の方が「革命」を望む声・警戒する声が起きている。揺れる世界はグローバル〝後〟に向かっているのだ。革命は起こりえる。今こそ、その現象を分析する必要がある。

日本エリートはズレている

道上尚史

先進国と途上国の格差は縮小し、各国がしのぎを削る「接戦の時代」。しかし日本のエリートは今も「日本が一番」の幻想の中にいる。諸外国の成功に「ずるい」か「ラッキーなだけ」と上から目線。これでいいの？ 現役外交官が実態に切り込む。

東京の敵

猪瀬直樹

噴出する都政の問題。五輪は無事開催できるのか。小池百合子・新都知事は何と戦うべきなのか。副知事、そして知事として長年都政に携わった作家が、東京という都市の特質を改めて描きながら、問題の核心を浮き彫りにする。

トランプ大統領で「戦後」は終わる

田原総一朗

トランプ大統領の誕生は、これまでの日米関係を大きく変える可能性を秘めている。戦後と共に歩み、政治報道の第一線に立ち続けたジャーナリストが、70年以上続いた「戦後」体制を振り返り、今後の日本のあり方を探る。

KADOKAWAの新書 ❦ 好評既刊

暴露の世紀
国家を揺るがすサイバーテロリズム
土屋大洋

IT革命によって、完全なる機密情報など存在しえない「暴露の世紀」が幕を開けた。狙われているのは原発、東京五輪、そしてあなたのスマホ――。数多くの実例から、サイバーセキュリティの第一人者が日本人に突きつける新世紀の現実。

棋士の一分
将棋界が変わるには
橋本崇載

スマホ不正疑惑をなぜ未然に防ぐことができなかったのか。将棋ソフト、プロなき運営、見て見ぬふりをしてきた将棋ムラ…「憧れの職業どころか食えない職業になる日も近い」という将棋界の実情について現役棋士が覚悟を持って証言。

こんな街に「家」を買ってはいけない
牧野知弘

これから、都会部でも確実に起こるニュータウンを中心とした戸建て住宅の財産価値の崩壊。一軒家がありふれた商品「コモディティ」と化した今、日本人が「家」に抱いてきた「財産」という価値観が根底から崩れる未来図を描いた1冊。

結論を言おう、日本人にMBAはいらない
遠藤 功

ご存じですか？　最強の武器と言われたMBAが日本では役に立たないことを。有名ビジネススクールの元責任者が驚きの内実を明かしつつ、市場価値の高め方も伝授。社会人、人事担当者、学生まで全日本人必読！　真のビジネス教育とは何か。

武器輸出と日本企業
望月衣塑子

武器輸出三原則が撤廃となった。防衛省は資金援助や法改正の検討など前のめりだが、一方で防衛企業の足並みはそろわない。なぜか？　三菱重工や川崎重工など大手に加え、傘下の企業、研究者に徹底取材。解禁後の混乱が明かされる。

KADOKAWAの新書 ❦ 好評既刊

幕末三百藩
古写真で見る最後の姫君たち
『歴史読本』編集部 編

死を覚悟で籠城戦を指揮した会津の姫君、決死の逃避行で藩主を守った老中の娘、北海道開拓に挑んだ仙台藩のお姫様、最後の将軍慶喜の娘たちなど、激動の時代を生き抜いた姫君たちの物語を、古写真とともに明らかにする。

子どもが伸びる「声かけ」の正体
沼田晶弘

教壇に立っているより、生徒の中に座り、授業を進める。国立大学附属小学校で、授業から掃除、給食まで、これまでには考えられない取り組みでテレビでも脚光を浴びている教師の指導法。根底には計算されたプロの「声かけ」があった。

大統領の演説
パトリック・ハーラン

人の心を動かすレトリックは大統領に学べ！　ケネディ、オバマ、ブッシュなど時に夢を語り、時に危機を煽って世界を動かしてきた大統領たちの話術を解説！　トランプ、ヒラリーら大統領候補者についても言及！

政府はもう嘘をつけない
堤　未果

パナマ文書のチラ見せで強欲マネーゲームは最終章へ。「大統領選」「憲法改正」「監視社会」「保育に介護に若者世代」。全てがビジネスにされる今、嘘を見破り未来を取り戻す秘策を気鋭の国際ジャーナリストが明かす。

アホノミクス完全崩壊に備えよ
浜　矩子

安倍政権は「新・三本の矢」を打ち出し、タッグを組む黒田日銀総裁は「マイナス金利」というウラ技まで繰り出した。しかし、国民の生活は一向に良くならず、もはやアホノミクスが取り繕う〝上げ底経済〟は破綻寸前。崩落に巻き込まれないための救済策は!?